《走近科学》精选丛书

动物的智慧

郭之文 主编

上海科学技术文献出版社
Shanghai Scientific and Technological Literature Press

图书在版编目（CIP）数据

动物的智慧 / 郭之文主编．—上海：上海科学技术文献出版社，2019（2021.8重印）
（《走近科学》精选丛书）
ISBN 978-7-5439-7962-8

Ⅰ．① 动… Ⅱ．①郭… Ⅲ．①科学知识—青少年读物 Ⅳ．① Z228.2

中国版本图书馆 CIP 数据核字（2019）第 168491 号

策划编辑：张 树
责任编辑：付婷婷 曹 惠
封面设计：合育文化

动物的智慧
DONGWU DE ZHIHUI
郭之文 主编
出版发行：上海科学技术文献出版社
地 址：上海市长乐路 746 号
邮政编码：200040
经 销：全国新华书店
印 刷：常熟市文化印刷有限公司
开 本：720×1000 1/16
印 张：13.25
字 数：194 000
版 次：2021 年 8 月第 2 次印刷
书 号：ISBN 978-7-5439-7962-8
定 价：50.00 元
http://www.sstlp.com

目录

CONTENTS

弓鱼传奇

在福建北部的一处山脚下，两个人在水塘边捕鱼。他们把网到的鱼装入小网兜后，接下来做出了一个奇怪的举动。只见他们每人拿出一捆草绳，将草绳从鱼嘴穿入，又将鱼尾绑紧，把鱼绑成了弓形，他们到底在干什么？

一般人穿鱼，往鱼嘴上拴根绳一拎就走了。但是这两个人不仅把鱼嘴穿上，而且把鱼尾也给穿起来，让这条鱼呈弓形，在当地，这种技术叫作弓鱼。在福建建瓯一带，据说从明朝就开始使用弓鱼这种方法了。为什么要把鱼连头带尾这么弓起来呢？据当地人说，他们捕鱼的这些地方，往往离集市较远，把鱼捞上来之后，鱼很快就会死了。可是，如果采用弓鱼这种方法，鱼搁上一天都不要紧。渔民打上的鱼，就可以顺顺利利地运到集市卖个好价钱。在没有借助任何现代化设备的情况下，把鱼嘴、鱼尾巴这么一捆，这鱼就能活一天，这简直太不可思议了。

古老的绑鱼手法——弓鱼

建瓯市地处福建省北部，在大山环绕之中。建瓯的捕鱼人，至今还保留着一门叫作“弓鱼”的奇特手艺。都说“鱼儿离不开水”，弓鱼为什么就离得开水呢？带着疑问，《走近科学》的记者赶往建瓯。与记者同行的老王，是位土生土长的建瓯人，他告诉记者，弓过的鱼和一般的鱼就是不一样。他有过多次这样的经历：早上买了弓过的鱼挂在家里，晚上去杀时还是活的。

很长时间后弓鱼依然活着

你有没有这样的亲身体验？

这种鱼一般在十几个小时内不会死。

一到建瓯，记者跟着老王径直来到农贸市场。这里卖的活鱼，样子可是够别致的，鱼几乎都是被一根绳子从头到尾捆住。捆起来的鱼就像一把弓，当地人把这样的鱼都称作弓鱼。它们其实都是很常见的淡水鱼，有草鱼、鲤鱼和花白鲢。

这类鱼完全是靠鱼鳃在水中呼吸的：由鱼嘴吸进水，同时鳃盖闭合，通过鱼鳃来吸收溶解在水中的氧气，水再由鳃盖骨压出。如果短时间内接触不到水，它们就会窒息而死。可是在建瓯，人们都说，鱼在弓过之后，离开水也能活很长时间。

建瓯市民：弓鱼活的时间比较长，如果没有弓起来的话，拎回家也不方便，那鱼会蹦蹦跳跳的，一下子就死掉。

听卖鱼的人讲，这样的弓鱼即使挂在屋里，也能保证一晚都不会死。记者买了一条弓鱼，准备验证一下，看看它离开了水究竟会怎样。

这样一条大花鲢真的能活过一晚上吗？晚饭过后，记者发现挂在卫生间里的弓鱼依然活着，这时它已经离开水四个多小时了。

午夜，距离弓鱼离开水已近十个小时，大花鲢似乎没了动静，不是说能活到第二天吗？

记者把弓鱼放到水池里，没想到一浇水，鱼鳍竟然开始摆动了起来。鱼能离开水这么长时间不死，难道说这捆鱼的技法真有什么独到之处吗？

在建瓯，会弓鱼的，几乎都是从事捕鱼或者卖鱼的人。陈小峰是建瓯市捕鱼队队长，记者昨天买的鱼据说就出自他手。

陈小峰在三十多年前就跟着父亲弓鱼，是建瓯市郊钟楼村出了名的弓鱼能手。据说，他还是全村弓鱼速度最快的人。既然找到了弓鱼高手，当然要见识一下他弓鱼究竟有什么诀窍。

在鱼塘里，陈家三兄弟先是拉网捕鱼，然后挑出大小合适的鱼放入网兜中，接下来，弓鱼就要开始了。如今，原先的草绳已经换成了塑料绳。

陈家老大抽出一根穿过鱼的下颌，咬住绳子一头，在下颌处打了个结，鱼头就被拴住了。接着，把鱼翻个身，顺势把它轻轻弯成弧状，再在鱼尾处拴个扣，一条弓鱼就制作完成了。

在当地，弓鱼高手特别讲究弓鱼的速度。网中的鱼挤在一起容易受伤，会影响鱼的存活率，所以弓鱼师傅必须要手快，短时间内把网里的鱼弓完。

那么，这位捕鱼队队长究竟能有多快？记者现场做了一个测试，时间为两分钟。

120 秒的时间、13 条鱼，平均不到 10 秒钟就弓好一条鱼！我们有些诧异，

捕鱼人制作好的弓鱼

用塑料绳绑弓鱼

记者实践绑弓鱼

仅仅用这么短的时间捆一下，就能让鱼出水后长时间不死吗？

弓鱼的过程看起来简单，是不是还另有门道？记者决定试试，兴许能有不一样的发现。

据说白鲢是鱼塘中最老实的鱼，也是最好弓的。经过陈小峰的指导，记者居然渐渐能独立操作了。可是，练习下来，记者并没发现在弓鱼环节上有什么特别的地方。

记者："就这么简单绑一下鱼，它就能活那么长时间！"

弓鱼如果这么容易学的话，那岂不是谁都可以弓鱼吗？陈师傅是否有所保留呢？

陈小峰（建瓯市钟楼村村民）："这是每个人都可以学的，没有什么玄机。小鱼好抓，大鱼难度大一点，因为大鱼力气很大。"

当记者向高一级难度挑战的时候，才明白弓鱼居然还有危险！

花鲢又叫胖头鱼，弓大个头的鱼必须将鱼留在网中操作。就在记者把绳子拴在鱼嘴上的一刻，鱼头使劲一摆，绳子一下子卡住了记者的牙，为避免受伤，记者只好一直把鱼抱在怀里。

据说，初学弓鱼的人，碰到鱼挣扎，常会被绳子卡住牙齿。如果是大鱼的话，还可能面临被鱼拉掉牙的危险！一不小心，人也可能会被大鱼撞伤。

绑制弓鱼

虽然有惊无险，但也让记者体验到弓鱼其实并不轻松。不管对付什么鱼，弓鱼的手法都一样。难道这么上下一捆，就能让“鱼儿离得开水”吗？

吴雪浩（建瓯市民俗学会会长）：“人们都说‘鱼儿离不开水’，那么建瓯的鱼为什么可以离开水呢？道理实际上很简单，就是鱼弓起来之后，它无法动弹，所以体能消耗很小，能够活得更久。”

记者找到了一位中科院的鱼类专家，他一听这事，当时就告诉我们，这绝不可能，鱼怎么能出水活十几个小时呢？顶多活一到两个小时。记者就觉得，非常有必要带这位专家到现场去看一看，让他再解释一下原理。

张春光——中科院动物研究所的鱼类专家。他对弓鱼有自己的看法，他甚至怀疑所谓的“弓鱼出水能活一天”是误传。

张春光（中国科学院动物研究所研究员）：“从鱼用鳃呼吸，离不开水这个角度考虑，鱼离开水以后应该活不了这么长的时间。”

在市场里，张春光发现了一个特殊的现象，这里的弓鱼都是朝着一个方向弯着的，而当地人认为如果方向反了，弓鱼也就活不长了。

郭则生（建瓯市畜牧兽医水产局高级工程师）：“当地的农民认为，左弓和右弓好像不一样，向右弓存活时间更长，左弓的存活时间短。”

正反方向，与弓鱼存活的时间长短到底有没有关系？张教授认为，要搞清楚真相，必须通过验证。

弓鱼在离开水的情况下能否活上一天？朝相反的方向弓鱼又会出现什么结果？对当地的人们来说，以往的种种说法至今还从未被正式验证过。对于即将开始的试验，在场的人都很好奇。

为了让试验相对严谨，张春光将试验对象定为每组三条鱼、选大小相似的白鲢。试验共分成四个对照组：正弓组、反弓组、固定组和自由组。

关于弓鱼的各种测试

常规的弓鱼一转眼完成了，可是朝相反的方向弓鱼，让弓鱼师傅感到很别扭。

陈小峰："如果反向绑那条鱼，绑好了放下去鱼就会死掉。"

吴雪浩："向右弯，不会压迫鱼体里面的内脏，能够保持鳃自然的呼吸，这个是第一要义，一定要向右，向左弯的话，不到两个小时就死了。"

试验在下午三时二十五分正式开始，在现场有人一直负责观察，接下来到底会发生什么情况呢？

试验进行了将近三个小时，一个意料之外的情形出现：三条放在岸边自由组的鱼居然还活着！专家最初推测这组鱼会由于挣扎消耗体能而最先死亡，是什么原因让它们活了这么长时间？

张春光："我个人认为，在这个季节，这一带气温比较低，加上昨天下了一天雨，在这种潮湿、气温比较低的环境下，鱼的新陈代谢率比较低，需要的氧气也比较少，所以存活的时间就会相对长一点。”

那么，温度低、湿度大，是否也就是弓鱼离开水还能活的主要原因呢？

晚上九时三十分，在离水六小时后，自由组的鱼已全部没有了生命体征。而此时，弓鱼组的情况让专家欣喜。

张春光：“不错，还活着呢。都快六个小时了，它们活得还不错，而且体表颜色等体征还都很正常。”

可出人意料的是，放在地上被固定住的一组，居然挺不住了。

张春光：“当时做这么一个试验，是想跟弓鱼做比较，看看鱼在离水限制它运动的情况下，活的时间能有多长。这三条鱼基本上不行了，还能稍微喘点儿气，但是都在濒死的状态了。”

尽管这组鱼和弓鱼都被限制了不能动，结果却并不相同，问题到底出在哪里呢？

眼前的弓鱼看上去就像刚出水的样子，体表都很湿润。不仅如此，记者发现弓鱼的鳃盖仍然一张一合，它们在呼吸！张春光认为，由于这里湿度较大，潮湿的鳃在空气中仍发挥气体交换的作用。

张春光：“弓鱼的鳃保持一种湿润的状态，说明它表面附有水，水中有溶解的空气，空气里面有氧气，氧气就会通过鳃的血管被鱼吸收，带到身体其他部位去。”

可是，其他两组鱼同样可以接触到湿润的空气，为什么先死了呢？专家认为，那是由于它们的鳃无法像弓鱼一样始终张开，所以导致窒息。

张春光：“弓过的鱼被穿了嘴以后，嘴是张开的，鳃也张开了，这样空气可以从口腔进入，空气流通的过程要比没弓的、直接扔到泥上的鱼明显要好得多。你看扔在地上的鱼，嘴都是闭着的，即使嘴动一下，也很难看到鳃动。”

到了第二天上午时分，弓鱼的情形究竟怎么样了呢？

张春光：“从昨天下午三时多钟，到现在快十一时了，十八九个小时过去了，还有个别的鱼，还有一点算活的吧。”

虽然有的鱼偶尔动一下，可在生命体征上已经接近消失。

各种绑制弓鱼存活时间测试

而当地人预言会很快死去的反方向弓鱼，实际情况和正常的弓鱼并没有多大差别。

张春光："从解剖学上来说，鱼体是属于两侧对称的动物，内脏在身体两侧的排列，应该说相等，没有太大的差别，所以往左弓往右弓，对鱼体不应该有很大的影响，实践证明也是这样的。"

可是，当地的渔民为什么一直保持着向右弓鱼的传统呢？

郭则生："村民认为右弓比较好，可能是他们的习惯。"

张春光："估计也就是习惯。从鱼体的结构来说，往右弓的时候，向着渔民的方向只有一个背鳍。假定是往左弓的，向着渔民的鱼体结构比较复杂，有两个胸鳍，两个腹鳍，一个臀鳍，可能操作起来会比向右弓要复杂一点儿。"

弓鱼离开水还能存活将近一天，是综合条件决定的。这里冬天气温低，湿度大。加上鱼被弓过以后，减少挣扎，降低了剧烈运动需要的能量消耗。而关键的一点，是因为弓鱼的方法导致鱼嘴是张开的，鳃盖能张合，使鱼还可以呼吸。

张春光："实验结果表明弓过的鱼的确活的时间很长，而且大大超出人们想象的时间长度。说明这种保持鱼的新鲜、延长鱼的生命的方式还是很有效的。"

在建瓯，弓鱼这个生产劳动的智慧结晶得到了传承，作为一项传统被保留下来。神奇的弓鱼技法依旧在这里上演着自己的传奇。虽然现在有加氧、用水运输，可是当地人还是宁愿选择这样的方法，也许，这是对传统的一种缅怀吧。人们走在大街上，经常能够看到当地人使用这种方法，可能也是因为当地的风俗和特殊的地理、小环境气候等诸多原因，才能让这个风俗得以保留至今。应该说，在中国这片土地上，各个地区会诞生出不同的文化传统，没准里面有些东西，还是值得人们从科学的角度去看待的。

（周青）

疯狂的蚊子

谁都知道蚊子是吸血的，它传播疾病，还干扰人们的睡眠。夏夜里，赶上一个好天，凉风习习的，躺在床上，多好的睡眠环境啊，偏偏这个时候，蚊子“嗡嗡嗡”的声音在你耳边响，实在是太烦人了。夏天屋子里进上两三只蚊子，实在是很正常的现象，就是冬季，有的时候在家里也能遇到蚊子。

深秋的南京，渐凉的天气不仅让人们换上了冬装，也让人们终于摆脱了那夏日里被蚊虫叮咬的痛苦。11 月 11 日晚上六时，独自居住在南京市中心莫愁湖东路的郝奶奶，已经吃过晚饭。像往常一样，简单收拾了一下厨房，郝奶奶就来到客厅，打开电视。

晚饭后看会儿电视再睡觉，已经是郝奶奶多年的老习惯了。

这时她无意间发现，墙上怎么有几个像蚊子似的东西呢？

郝奶奶（南京市民郝立珍）：“六时三十分发现的，蚊子上墙了，都爬那么高。我一抬头，哟，哪里来的蚊子？”

蚊子特写

蚊子，是生活中常见的一种飞虫，它有雌雄之分。雄蚊的嘴短，主要靠吸吮花蜜和植物的汁液为食。雌蚊的嘴却很长，可以像针一样刺入动物的体内，它必须靠吸食动物的血液，来促进自己体内的卵成熟，因此常会吸食人血。

蚊子咬人的速度与环境温度有很大的关系，在盛夏，37℃以上时，蚊子可以在 0.1 秒之内就完成一次叮咬过程；而温度在 27℃以下时，蚊子叮人的速度就会大大降低了；当温度下降到 17℃以下时，蚊子一般不叮咬人，也就不会进入家里了。现在郝奶奶家又出现了蚊子，会不会是因为最近南京的气温又回升了呢？

黑压压的蚊群

魏建苏（江苏省气象站副站长）：“11 月 11 号，南京的最高气温是 19.7℃，最低气温是 10.9℃，今年这一段时间的气温，相对往年来讲是高一点，但并不是高得很多。”

如此说来，虽然今年秋天，南京的气温比往常略高一些，但是这个晚上的温度在 17℃左右，蚊子也应该是不太活跃的。所以郝奶奶想不明白，是什么原因让这些蚊子一反常态地又活跃起来了呢？不管怎样，既然进来了就要消灭它，郝奶奶赶紧拿起了苍蝇拍，开始一个一个地消灭每一只入侵的蚊子。然而她越打越奇怪，蚊子不但没有消失，反而越打越多。

郝奶奶：“结果蚊子越打越多，再一看不仅墙上有蚊子，地上也有了。越打越多，不行了，我敲对面的邻居门。”

奇怪的是邻居小宋家并没有蚊子。所以他一进门，就被满屋子的蚊子惊呆了。来不及多想，小宋拿起苍蝇拍就打。毕竟是小伙子，个头又高，体力又足，打着打着，墙上的蚊子终于没有了。送走小宋后，老人将掉到地上的蚊子尸体扫到一起，这时屋里的一切似乎又恢复了平静。经过这一场激战，已经八十多岁的郝奶奶，终于可以坐回沙发上，看电视，歇歇了，然而她没有想到这只是噩梦的开始。就在她不经意抬头的时候，那些奇怪的蚊子又出现了。郝奶奶开始感到恐惧，她不知道是哪里出了问题，为什么单单就自己的家，会跑进这么多蚊子呢？

郝奶奶：“怎么又有蚊子了？人家邻居刚走，不能再去把人家叫过来帮忙。后来我再自己打蚊子，也不明白怎么回事，只是觉得要出事了，这怎么办呢？”

无数的蚊子聚集在墙角

阳台窗户槽里堆满了蚊子的尸体

疲惫加上恐惧，郝奶奶开始感觉自己要坚持不住了，这时她想起了住在附近的儿子，于是马上给他打电话求救。

徐建国（郝奶奶的儿子）：“她只是说家里蚊子多。我很着急，不知道是怎么回事，怕老太太发生了什么意外情况，因为老太太身体也不好，只有一个人在家。”

金星（郝奶奶儿媳）：“到家以后，我一看满地都是蚊子，顿时我们的鸡皮疙瘩全起来了，非常瘆人。我从来没见过这种情况，询问怎么回事，是不是纱窗没关好。我们又到晒台上去检查纱窗，不看不知道，一看外面，蚊子黑压压的一片，争先恐后地往里面涌。这时候我们就拿杀虫剂赶快喷，恨不得把它们全部消灭掉。”

面对黑压压的蚊群，徐建国也感到了恐惧，他紧张地拿起杀虫剂对着窗户就开始不停地喷。不一会儿，阳台的地下、窗户槽里落的就全是蚊子了。

眼看着最后一瓶杀虫剂都打完了，可是蚊子却在以更快的速度集结。

徐建国：“当时我们感觉到非常恐惧，因为蚊子一直打不完，而且飞的速度非常快，集中的速度也非常之快。”

家里一下进来这么多蚊子，如果要吸血的话，一个老奶奶估计都不够呢。而这时已经瘫坐在沙发上喘息的郝奶奶，发现了另一个怪现象。虽然在墙上打死过很多蚊子，但是却没有留下血迹，难道这些蚊子没有咬到人吗？这些蚊子

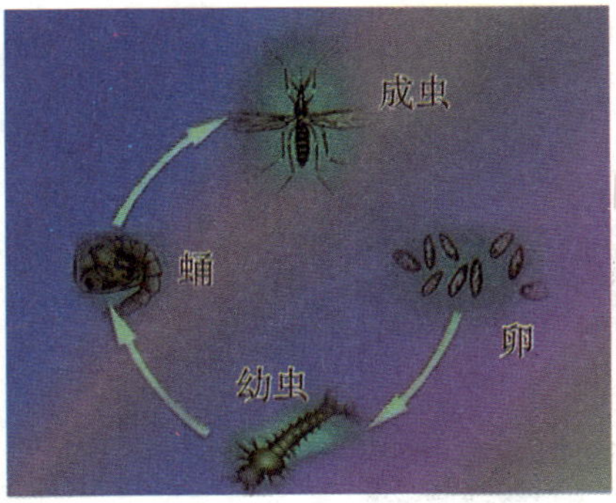

蚊子的四种生存形态

到了屋里来想干什么？它们就好像是非得跟他们家人斗气一样，不让它们进来，它们偏要进来，而且还非得拖家带口地把这一大家子全带来了。粗略地数一下，怎么也得有几千上万只。这么多只蚊子，怎么都会跑到一户人家里来？

深秋的季节，闯入家里的蚊子变得打都打不完。家人恐惧的同时，却发现疯狂的蚊子并不咬人。但是徐先生还是非常担心，大家都知道蚊子体内携带多种病菌，尤其是郝奶奶岁数大了，免疫能力下降了，被它叮一口的话，没准就会得上什么病。

这到底是群怎样的蚊子呢？专家们能给出答案吗？

后来南京市疾控中心的专家以及“爱卫办”的领导，一起来到了南京莫愁湖东路的郝奶奶家。

这虽然是一栋二十多年的老楼，但是郝奶奶喜爱干净，平时总是将屋子整理得井井有条。专家们进入房间后发现，这里已经被打扫过了，很难想象，就在这间屋子里曾经飞进过成千上万只蚊子。

但是当徐建国将专家们领到他当时清理出上万只蚊子尸体的窗户旁时，专家们还是很容易地就从缝隙中找到了不少蚊子尸体，这一个个尸体似乎在诉说着那场惊心动魄的大战。可惜的是这些标本大多已经变形了，人们很难看清它的真实面目。

这时南京市疾控中心的郑一平老师，发现了一只被杀虫剂粘在阳台门上的、完整的蚊子标本。借助放大镜，他清楚地辨认出，这是一只头上顶着两个小刷子的雄性摇蚊。

紧接着，在窗户上又发现了一只还活着的雌性摇蚊。由此专家们推断那天晚上闯入郝奶奶家的，应该是一群摇蚊。

郑一平（南京市疾病预防控制中心主管医师）：“摇蚊一年当中有两个出现的高峰季节：一个是在五六月份的时候，就是春夏之交；第二个是在十到十一月份。一天当中也有两个小高峰，一是早晨天蒙蒙亮的时候，晚高峰就是傍晚时分。”

原来摇蚊最适宜飞行的温度，要比其他蚊子低一些，一般在15℃左右最活跃，所以这时段正是摇蚊最多的时候，人们在这时见到它并不奇怪。

与夏天咬人的蚊子不同，摇蚊无论是雄性，还是雌性，嘴都很短，不能像针一样去叮人。它们在成虫阶段，一般很少进食，必要时会以花蜜、露水充饥。所以摇蚊也常被科学家们称作是一种“不咬人的蚊子”。这也正是郝奶奶没有在打过蚊子的墙上发现血迹的原因。

听说这种蚊子不咬人，不会传播疾病，一家人总算松了口气。但是他们不明白，既然每年都会有两个出现摇蚊的高峰期，为什么以前没有见过呢？它们会是从哪里来的呢？

蚊群特写

水中的蚊子幼虫

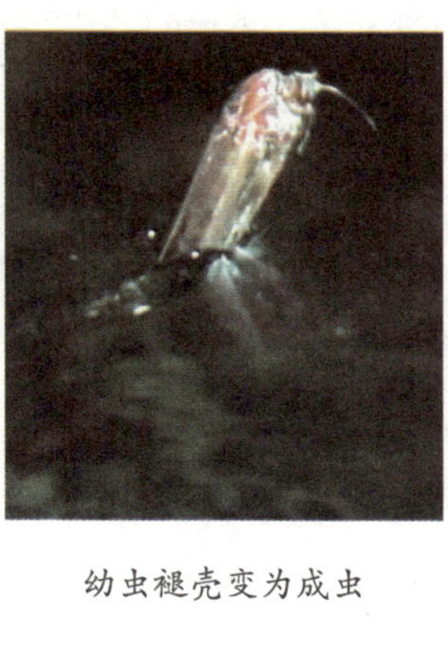

幼虫褪壳变为成虫

郑一平：“蚊子的滋生场所，大部分跟水有关系，比如说它们的卵是产在水中的。”

所有蚊子的一生，都可以分成四个形态完全不同的阶段：卵、幼虫、蛹和成虫。其中卵、幼虫和蛹三个阶段都生活在水中，当蛹最后浮到水面，变成拥有翅膀的成虫后，才会离开水。

摇蚊的成长过程也不例外，而且它的适应

性很强，所以只要有水的地方，摇蚊就容易滋生。说到水，从地图上人们不难发现，郝奶奶家居住的莫愁湖东路，正好位于莫愁湖与秦淮河的中间，蚊子自然也就会多于其他区域。但是徐先生却不满意这个答案。

徐建国："从1984年以来，我家就住在这里，从来没有发现过有这么多蚊子。"

徐先生认为，莫愁湖从古就有，摇蚊既然也不是什么新物种，那为什么以前没有大量出现，更没有大量出现在人的居所呢？为了搞清楚这个问题，记者来到位于天津的南开大学请教王新华老师，他与摇蚊已经打了二十多年的交道了。

王新华（南开大学生命科学学院教授、博士生导师）："摇蚊大聚集这种现象叫作婚飞，也有人管它叫作群飞，这主要是与它繁殖后代的习惯有关系，也是长期自然选择形成的。为了繁衍后代，保证后代的存活率，摇蚊群会选择一个集中的时间，在一个地方交配，这样的话，就会产生足够的卵，延续它的后代。"

原来摇蚊大量快速聚集的现象，是为了更好地选择配偶，而且越大的群体，对其他个体以及小群体的吸引力就越大。因为只有在大的群体里，才会有更多的选择异性的机会，所以科学家们形象地把这个现象称作婚飞。

如此说来，房间里郝奶奶与蚊子们的激战，窗外的摇蚊们并不知道。老奶奶虽然已经打得筋疲力尽了，屋内的摇蚊们虽然也伤亡惨重，但是随着已经进入房间的摇蚊数量的增加，摇蚊们留下的信息素也越聚越多，这使得窗外的同伴们兴奋地认为，屋里正在举行一场盛大的婚礼，所以才会奋不顾身地涌进屋，让人感到恐惧。

但是婚飞现象虽然是由于摇蚊的习性导致的正常现象，可是它的出现却常常会受到一些条件的制约。

王新华："国外有专门的研究报告，这种现象的出现与温度和风力都有关系，现在普遍认为温度在10℃以上，随着温度的升高，摇蚊种群的密度可能就会越高，越是没风的时候，形成的蚊柱就会越大。"

也就是说，要想见到壮观的婚飞现象，只有在春秋季节的早晨和傍晚，而且当时的风力不大，又邻近富氧化比较高的水域，此外还要有一定数量的蛹，可以同时变成成虫时，才有可能出现。有的时候，婚飞现象并不一定紧挨着水面，在房顶上、树上，或者一个开阔的广场上都有过出现的记录。不过一般情况下更多的是，只在靠近水的上空，形成这种小范围的群体。

王新华："1950 年在北京鼓楼上边发生过一起这种婚飞现象，冒烟似的，老百姓以为着火了，就报警，消防队来了以后，才发现是摇蚊。"

11 月份，在武汉的东湖，也是因为摇蚊的爆发，使得街道和马路上面沾满了摇蚊，由于路滑造成了多起汽车的连环相撞的事件，甚至还发生了人身伤亡事故。而更多的是，人们会看见水面上升起的这种壮观的蚊柱。

这情景还真是可以用壮观来形容。摇蚊不那么让人讨厌，因为它不吸人血，所以相对而言感觉它是无害的。要说摇蚊本身的这种婚飞现象，是很正常的事情，大自然中的生物都要繁衍后代，它自然也要雌雄相配。但是它们一般往往会选择灯下、树边，并且靠近水的这种比较潮湿的环境。一般而言，它们会离人远远的，因为它们知道人可能是会对它们的活动有威胁有干扰，所以不愿意见人。可是它们为什么就偏偏相中了郝奶奶家呢？郝奶奶家有什么特殊之处吗？要是老有这么一堆不速之客的话，怎么办呢？

其实摇蚊不仅是没有飞进邻居家，甚至连郝奶奶家的另外两间屋子里，也没有发现摇蚊的踪影。它们只是飞进了她看电视的客厅，以及与客厅对着的厨房。

王新华："摇蚊本身是趋光性非常强的一类昆虫。"

郑一平："我检查了她家的灯光，她家里用的全是荧光灯。"

几乎所有的蚊子对光都比较敏感，摇蚊更是具有很强的向光性，而且不同种群的摇蚊，对光源的选择，还会有细小的差别。荧光灯发射出的蓝光，比白炽灯发射出的黄光，更接近于大多数蚊子所喜爱的光波。而郝奶奶家用的所有的灯，正是这种发射蓝光的吸顶灯。很多邻居家用的，却是发射黄色光的白炽灯。所以在摇蚊随机地选择婚飞地点时，郝奶奶家的灯光就碰巧引来了摇蚊。而郝奶奶家没有进蚊子的两个房间，则根本没有开灯，摇蚊自然也就不会光顾了。

但是莫愁湖附近，并不是只有这一栋居民楼，特别是入夜后很多家都会开灯，

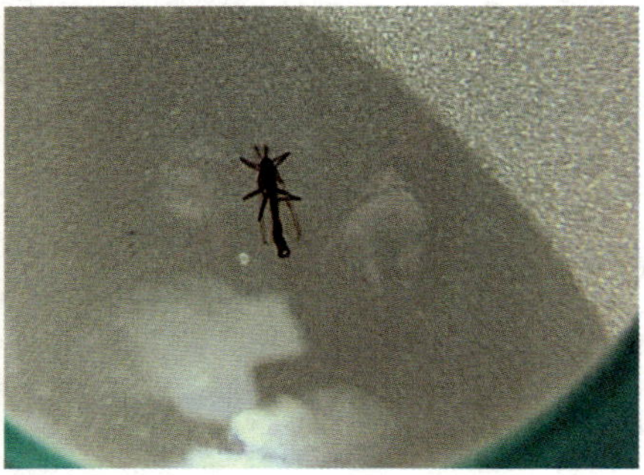
放大镜下的蚊子尸体

作为节能灯被推广的吸顶灯，更是随处可见，摇蚊为什么不再选择其他家呢？

王新华：“可能与他们家开灯的时间和别人家不一样有关系。”

王老师认为，老人家吃完饭在六时左右就开始看电视，开灯了。这时一般的人正在上下班的路上，家里没有开灯，所以第一批摇蚊就进入了郝奶奶家，并形成了对同伴具有一定吸引力的群体。

王新华：“一旦有一批摇蚊进去了以后，它们之间互相吸引，就会往一个地方集中。我在宁夏的时候，亲自见过这种情况，就是羽化期摇蚊进了我们住的招待所，就前仆后继不断地往里边钻，而且比较集中。隔壁的那个房间就没什么摇蚊光顾。都在我们这个屋，而且甚至在我们房间里的肥皂盒里边都产上卵了，因为有水。”

也就是说，大的群体聚集对周围摇蚊的吸引力，会远远大于它对光的喜爱，这时即使再有相同的光源出现，甚至是郝奶奶关上了灯，也不能阻止摇蚊的涌入了，它们是不会轻易放弃这大聚集的好机会的。

记者也同时得到了其他的一些相关意见，比如说有人就认为，蚊子在震动翅膀的时候发出来的这种频率，是它本身去吸引异性的一种方法。也许本来就有数量不算太少的蚊子，误打误撞地进到了郝奶奶家里，然后它们发出了这种振翅膀的声音之后，声音传播得很远，别的蚊子听见了就陆陆续续地来了。当然也有可能是它们本身在求偶期间会散发出一种昆虫所使用的化学激素信号，有了这种激素信号之后，其他蚊子就像闻着味一样，也都跟着过来了。不过幸运的是，蚊子只是给郝奶奶家添了点乱，倒是没让人得病，也没有叮人。不过这种现象，专家说了，理论上应该不会再次发生了。

（秦雪竹）

蜂毒“出击”

现代研究发现，蜂毒是一种蛋白质。不同种类、不同大小的蜂含有不同的毒素，对人体的影响程度也不同。蜂毒能够通过血液影响人的神经、血液和组织等。如何安全有效地将蜂毒对风湿性疾病的良好疗效发挥出来并利用蜂针治疗风湿性关节炎病人，是北京蜂疗专家王孟林研究了几十年的课题。

这里是北京市一家中医院，每年来这里看病的人有很多。他们中的一些是慕名来接受一种特殊的治疗的。

如果让人近距离地接触蜜蜂，估计没有几个人轻易愿意去尝试，因为谁都知道，被蜜蜂蜇的感觉绝对不好，又疼又痒，实在难受。可是这些患者却愿意把蜜蜂放到自己身上，让蜜蜂来蜇自己一下，这说明什么呢？说明两害相权取其轻。他们既然能够忍受蜜蜂蜇的痛苦，那就说明在他们身上，也许有比蜜蜂蜇还要让他们更痛苦的事情。

何志琴是一位农村妇女，有一天，她突然感到浑身乏力，身体的很多地方时不时还隐隐作痛。

何志琴（患者）：“晚上无法睡觉，躺在那里痛，如果翻过来躺着，背又痛，都不知道怎么睡好了，有时候在床上疼得我滚起来哭，家里人都被我折磨得要命。”

自己究竟得了什么病？痛苦难耐的何志琴，在家人的帮助下来到了医院。检查的结果让何志琴大为震惊。

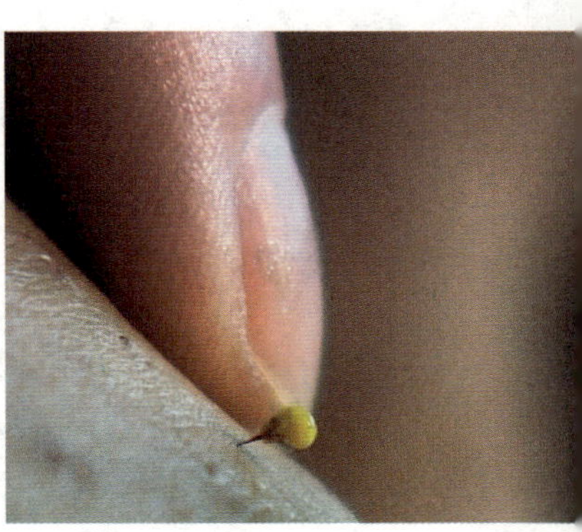

毒蜂的毒针（一）

何志琴：“医生说是类风湿，是免疫力疾病。”

在一般人的印象中，类风湿病大都是因为天气变化时，人体出现的腰酸腿疼的疾病。但是，医学研究证明，这种疾病是因为患者的免疫系统受到一定损伤之后，引发关节、肌肉、骨骼及关节周围的软组织等部位发生了病变。

何志琴："从此以后我什么重活累活都不能干，也不能天天洗澡，不能沾冷水，你说正常的人一点活不能干，那算什么呀？我就想把它治好了。"

事情远非何志琴想象的那么简单。经过一段时间的治疗之后，她发现自己的病情并没有任何的好转。于是，何志琴开始了她漫长的求医之路。然而，每一次的治疗，带给她的不是希望，而是更大的失望。

何志琴："去了好多医院，人家都说没办法，说这种病全国、全世界都没办法攻克，只能慢慢调理，是自身免疫力的问题。免疫力好了，抵抗力好了，就好一点。"

难道自己的病真的就没办法治了吗？这一天，何志琴无意中听到了一个消息。

何志琴："我有个邻居在上海，说关节炎被蜜蜂叮好了，虽然不是类风湿性关节炎，但他也让我来试一下。"

仔细打听之后，何志琴才知道这种治疗方法，在中医上叫蜂疗技术。

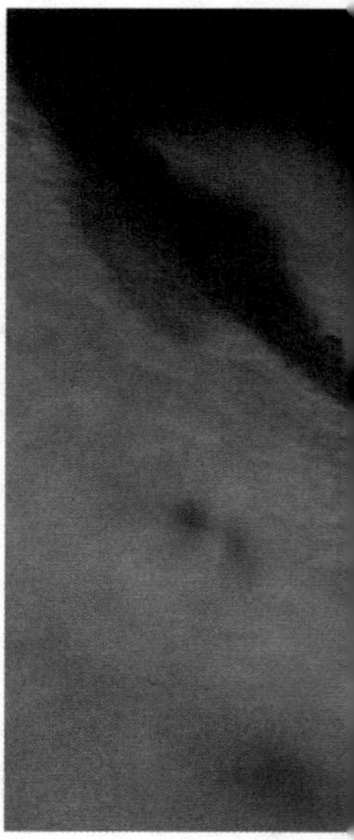

何志琴："别人都说'别去啊，蜂蜇会要人命的'，我有一个同学就是被蜂蜇死了。"

蜜蜂是一种会飞行的群居昆虫。虽然它们的家族都很大，但是蜜蜂之间却有很明细的分工。在蜜蜂的社会里，仍然沿袭着母系氏族的生活。蜂王负责产卵繁殖后代。在这个家族中，它的地位是至高无上的。

那些忙忙碌碌的蜜蜂，就是工蜂，它们是家族中最多的成员，为了哺育蜂王和幼虫，它们辛勤地采集花蜜。

蜂农："每一个蜂窝产的蜜都有自己的味道，采蜜回来差不多一样，但是采粉就有的出去近，有的出去远了。"

采集花蜜是一项十分辛苦的工作。蜜蜂从植物的花蕊中采集花蜜，在存入蜜囊的同时，混入了上颚腺的分泌液转化酶。回到蜂巢中把花蜜吐出来，经过一段时间的水分蒸发后，存贮到巢洞中，并用蜂蜡密封。

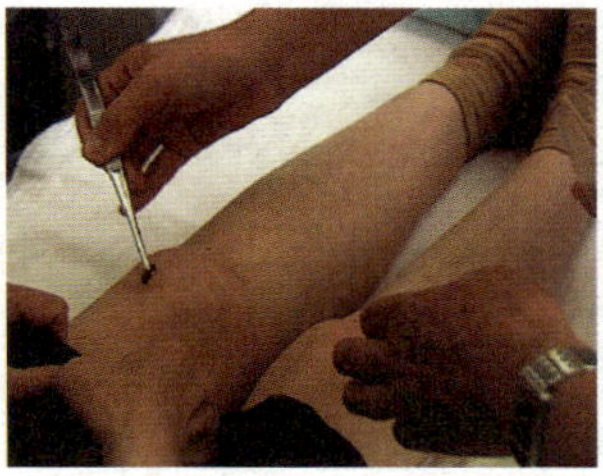

蜂疗（一）

蜂巢里存有大量的饲料，为了防御外群蜜蜂和其他昆虫、动物的侵袭，蜜蜂形成了守卫蜂巢的能力。

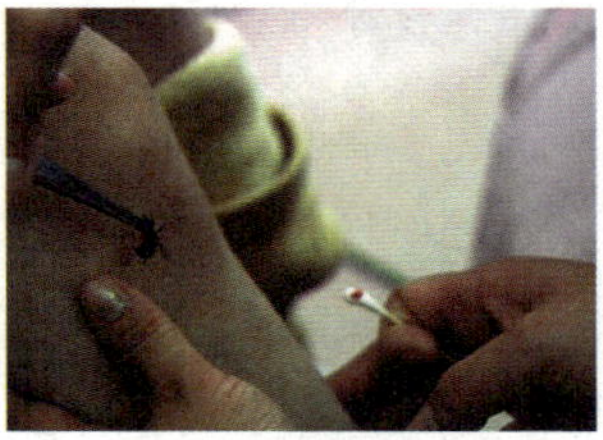

蜂疗（二）

蜂针是蜜蜂最主要的自卫器官，它位于蜜蜂腹部的末端，蜜蜂一旦感受到危险降临时，它会马上蜇刺，并将贮藏在毒囊中的液体排出来。

在大自然的进化过程当中，一些生物体内能够自行合成毒素，并且把毒素使用到自己的捕猎或是面对天敌反击时，这样的例子比比皆是。除了蜜蜂，还有毒蛇以及一些有毒的蜘蛛，甚至哺乳动物当中也有极少的一小部分是擅长用毒的大行家。植物当中这种情况就更多了，比如箭毒木树枝中的液体能够见血封喉，那就是大自然进化过程中产生的很奇妙的物质。其实人在与这些有毒的生物接触的过程当中就逐渐发现，这些毒素有时候确实会给人们带来极大的伤害，有的时候可能反而能够帮助人们抵御一些疾病。比如说，有人就发现蛇毒当中有一类物质能够抗凝血，对于治疗血栓这样的疾病非常有好处。当然了，这样的血栓制剂，必须经过现代医学加工工艺提取、提纯，再制作成药剂之后才能使用。像这样直接把蜜蜂的蜂毒通过自然的蜇的方式注入人体之内，到底能不能治病呢？而且这也不是中国人首先发现的，欧洲人同样也在尝试着用这样的方法来治疗一些疾病，但是它的效果到底如何呢？

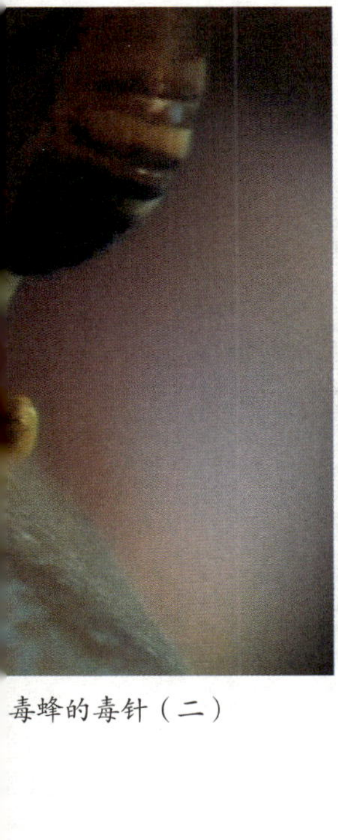

毒蜂的毒针（二）

经过反复斟酌之后，何志琴还是决定冒险一试。这天，她来到北京市蜂疗研究所，找到了所长王孟林。

王孟林（北京市蜂疗研究所所长）：“蜜蜂蜇刺尽管简便易行，但是这种方法有一种潜在的危险，因为有些人是过敏体质，蜜蜂蜇刺下去之后会出现不良反应，如果不是在医生指导下进行这种治疗，那是很危险的。”

从长沙马王堆出土的《养生方》上可以看到，其实从西汉时期就已经有蜂针疗法了。但是，由于人们不清楚它的治病机理，所以蜂针疗法一直流传于民间。

王孟林：“新中国成立前后这段时期，湖南的陈维老先生做过这种方面的尝试，这是有文字记载的，在他之后就是房柱先生在做这方面的研究，再后来就多了，全国各地都有对于蜂疗的研究。”

随着蜂针疗法的不断普及，医学专家们希望借助现代医学技术，弄清楚蜂针疗法治病的原理。

汤立新（北京中医药大学附属东直门医院针灸科主任医师）：“一般的针灸是在穴位上面用针，或者用一些灸等特殊的方法，而蜂针疗法是用蜂针，蜂针里面的一些蜂毒进到穴位，也是一种对穴位的刺激，我觉得这种疗法的原理还是跟中医有一些关系的。”

针灸在我国已经有很长的历史了，它是中医理论中重要的一部分。针灸实际是针法和灸法的合称。按照中医理论，人体的各个器官，是通过经络连接起来的。一旦身体的某些部位出现不适症状，医生按照一定的穴位，把毫针刺入

蜜蜂

蜜蜂蜂王

蜂毒“出击”

患者体内，采用捻、转、提、插等针刺手法，就可以达到治疗疾病的效果。

汤立新：“现在用针灸疗法治疗疾病比较多，老百姓都知道，针灸止痛肯定是有效果的。”

而蜂针疗法，实际上借助的就是针灸治病的原理。

汤立新：“蜂针比针刺要更多一点作用，因为蜂针刺进去以后，还带着蜂毒进去了。蜂毒其实相当于一种天然的药物。蜂毒对穴位的刺激，可能也是能够通过这个穴位对全身进行一个调整。”

然而，被蜜蜂蜇的滋味，并不是所有人都能承受的。第一天的治疗，就让何志琴吃尽了苦头。

何志琴：“心里好像有什么东西在烧一样，很难受。”

为什么接受蜂针疗法的患者，会产生这么大的异常反应呢？

蜂毒是蜜蜂在进化过程中形成的一种自卫性武器。外出采花蜜的工蜂，一旦遭遇攻击，它立刻会把蜂针扎进来犯者身上，并快速收缩毒囊，将毒素注射进去。来犯者被蜇后很快就会麻痹或死亡。

方建国（北京中医药大学附属东直门医院骨科主任医师）：“蜂毒对人体有一些不良反应，最大的就是毒性的反应，或者说得更细一点，应该说就是过敏的反应。”

蜜蜂蜇人

过敏是人体的一种变态反应，它往往是因为人体受到某些药物或外界刺激，导致免疫力下降而引发的不适应症。

其实无论是中国，还是国外的一些医学研究机构，都在致力于分析带毒生物本身毒液当中的一些具体性质，看看能不能把它们用来造福人类。经过好几代人的不懈努力，

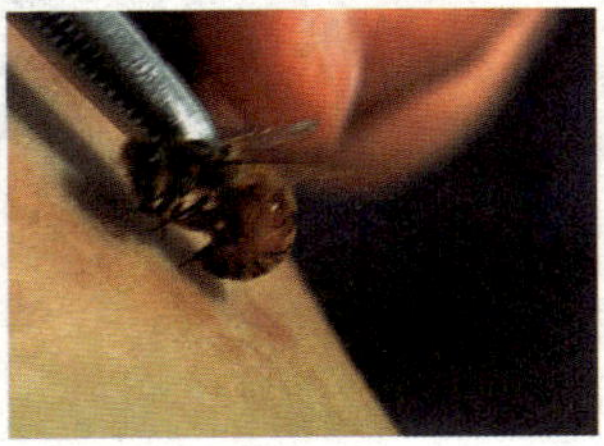

毒蜂的毒针（三）

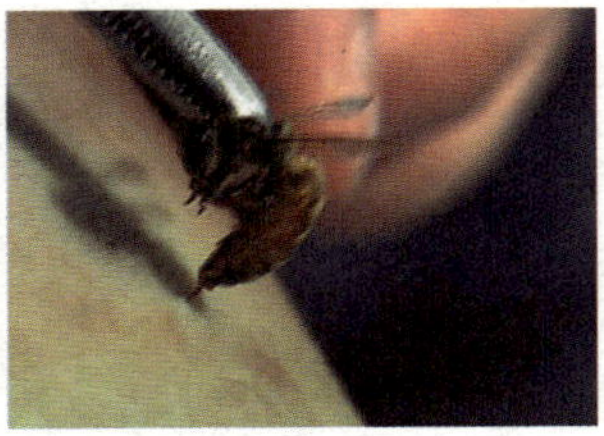

毒蜂的毒针（四）

现在人类对于蜂毒的大致组成已经有了一些基本的认识，比如说它含有一些多肽类物质、蛋白质、酶、生物胺、乙酸、盐酸、磷酸等。人们之所以敢用蜜蜂直接来进行蜇刺，就是因为它的个头比较小，带毒量也比较小，人体可以在可接受的范围之内利用蜂针的一些特性来帮人们诊疗疾病。如今有不少人都很看好蜜蜂的这一个特点，但是科学本身是无止境的，不断地发展的，从古至今，用蜜蜂来给人类治病的方法也已经发生了一些很大的改变，人们对于蜂毒的认识，也是在不断研究中不断深入进行的。

方建国："可能是肽或者是酶类的作用，刺激了局部的一些炎症组织，产生一些炎性反应。"

汤立新："就像不能打青霉素的人，一打青霉素，就会出现喉头水肿，当场就可能出现生命危险。"

那么怎样才能在利用蜂毒治病的同时，又能防止过敏呢？于是，王孟林决定对蜂毒的成分进行更深入的研究。

王孟林："我调查过 335 个蜂场，一共 970 多人，没有一例得过风湿类疾病，或者说关节疼的。"

在这次调查中，蜂农们告诉王孟林，养蜂人被蜜蜂蜇是常有的事，可一旦被蜜蜂蜇过后，即使再次遭遇蜂群的围攻，也不会发生任何中毒的症状。因为长期被蜂蜇，他们的体内已经产生免疫耐受力。

汤立新："蜂毒虽然叫作毒，它其实就是一种物质。它少量进入人体以后，反而能使人增加抵抗力，增强抗病能力，或产生一些正面的作用，所以不能简单称之为毒素。"

通过大量的病例研究分析，王孟林发现患者对蜂针疗法的反应，因为个人体质的不同，也存在着很大的差异。

王孟林："人体对这种生物蛋白产生的反应是不同的，O 型血的人对生物蛋白的反应都比较灵敏，但是不像 A 型、B 型血的人反应那么激烈。”

尽管蜂毒的成分非常复杂，但是现代医学研究已经证明，蜂毒对神经系统有明显的药理作用。它不仅可以抑制人的中枢神经系统，也能抑制周围神经系统的冲动传导。

何志琴：“蜇完了以后感觉身上轻松好多，整个人起来活动都感觉舒服。”

既然蜂针疗法在镇痛方面有这么大的成效，那么如何在治疗疾病的同时，解决蜂毒带来的不良反应呢？

王孟林：“蜜蜂离体的毒囊每收缩一次，前面最开始排出来的毒液，是组胺成分量最大的。组胺就是组织胺，组织胺会使人体感觉疼、肿，而且出现过敏现象，其实这是一个致敏源。”

组织胺是一种活性化合物，作为蜜蜂体内的一种化学传导物质，可以影响人体细胞的反应，产生过敏、发炎以及嗜睡等不良反应。在显微镜下，王孟林清楚地看到蜂针其实是由一些管状的腺体构成的。

王孟林：“先把蜂捉住捏一下，让它把前边的组胺部分排掉，然后再捏着这个蜜蜂进行蜇刺，这样既然达到治疗的效果，又能减轻疼痛，使患者容易接受这种疗法。”

到目前为止，类风湿的病因还不是很清楚。但一般认为它与人体免疫机制的障碍有关系。蜂疗时，蜜蜂的毒囊不停地收缩，它注入的蜂毒针对的便是患者体内的这种免疫机制障碍。

房柱（江苏省连云港市中医院主任医师）：“蜂毒的生物活性和药理作用都是经过动物实验模型证明的。动物模型实验证明蜂毒具有镇痛消炎、调节免疫、激活垂体肾上腺系统、调节内分泌的作用，从西医上来讲，这都是一些主要的治疗机制。”

李伟洁（江苏省连云港市中医院副主任医师）：“蜂毒用的时间长了，能调节人体的免疫功能。人体免疫功能增强了，自然就达到治疗的目的了。把病治好了，就达到以毒攻毒的目的了。”

虽然蜂针疗法缓解了类风湿病给患者带来的不适，但是还有一个问题是蜂

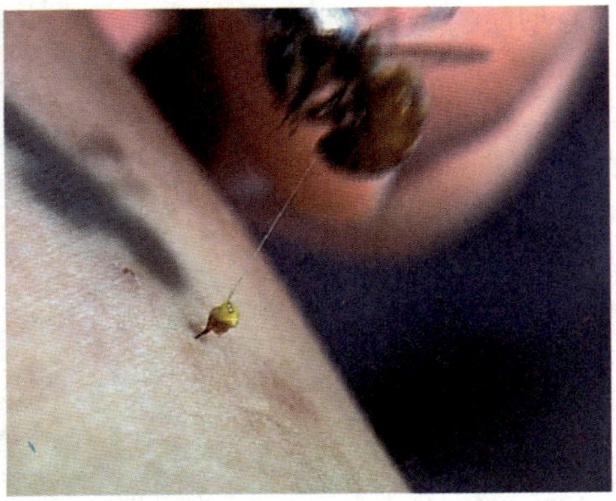

毒蜂的毒针（五）

疗专家们不得不面对的。

王孟林：“蜜蜂蜇完人之后，这个蜇针就离体了，连它的毒囊都一起掉下来了。”

在蜜蜂的家族中，只有雌蜂才有蜂针。工蜂的蜂针其实是由已经失去产卵功能的生殖器演化而来的。它不仅连接着毒腺，也连接着许多的内脏器官。蜜蜂蜇人之后，会把毒针留在人的皮肤上，而与之相连的内脏器官，也会被留下来。随后，蜜蜂就会因为失去了许多重要器官，导致生理机能衰竭而死。

然而，作为花粉的传播者，蜜蜂是植物繁殖不可缺少的重要媒介。那么在用蜜蜂治病的同时，又该如何保护它们呢？

王孟林：“我们取蜂毒的时候，是用电击板来取蜂毒的。刺激它之后，它把蜂毒排出来，同时保护它的蜇针不掉。”

通过低电压电板，间断性地刺激蜜蜂排毒，这样在采取蜂毒的同时，就可以不伤及蜜蜂的性命。经过几十年的研究，医学专家们不仅对蜂毒的治病机制有了一些认识，而且也为保护蜜蜂资源找到了一条新的出路。

某种程度上讲，现在对蜜蜂进行的这方面的研究多少都是带有实验性质的，当然了，现在一些比较成熟的蜂毒疗法也并不是适合所有人的，老人、小孩包括孕妇，或者有肝炎等一些特殊疾病的朋友是绝对不能轻易尝试的。另外，要进行这样的治疗之前，必须先进行过敏反应的试验，因为有些人对于蜂毒是不耐受的，一下出现了过敏反应的话，结果将非常可怕。所以说，蜂毒虽好，但是鉴于人们对它的了解尚浅，目前对它的应用还只能处在一个比较窄的范围之内。

（李瑛）

黄腹角雉救助记

这种鸟儿的学名叫作黄腹角雉。“黄腹”很好理解，就是黄肚子的意思。那“角雉”怎么理解呢？“雉”就是野鸡的意思，“角”就是说，这种鸟到了发情的时候，雄鸟就会竖起来两个蓝色和角一样像肉冠子的东西，很漂亮。但是这种鸟的雌鸟就长得一般了。大自然当中，往往是雌性长得很一般，雄性却长得很漂亮的。但是谁都知道，雌性是必不可少的，要繁衍后代的话必须要它来负全责。不过野生动物在野外环境之下，总会遭遇到各种人们想象不到的问题。这些野生动物经过了亿万年的进化，能够活到现在那都是各有窍门的了。

这里是位于浙江省泰顺县的乌岩岭国家级自然保护区管理局。

局里主管科研的副局长包其敏来到了办公室。他照例首先打开了电脑。

包其敏（乌岩岭国家级自然保护区管理局副局长）：“自从在野外发现了在产卵孵蛋的黄腹角雉，我们就装了监控设施，监控设施是连到我的电脑上的。我每天上班第一件事肯定是打开电脑看一下这对鸟的情况。”

黄腹角雉特写（一）

黄腹角雉是我国特有的一种鸟，但它已濒临灭绝。为了保护这些濒危的鸟儿，包其敏所在的乌岩岭国家级自然保护区管理局为它们专门安装了野外实时监测的摄像设备。但是今天，他打开电脑，却看到了这样的画面。

包其敏：“我仔细一看，正在孵化的鸟蛋不见了。”

正在孵化繁殖的雌鸟和鸟蛋到哪儿去了呢？包其敏急忙走出自己的办公室，快步赶往位于五楼的主监控室，他想调取监控录像，看看人们午休的这段时间里，鸟巢里究竟发生了什么。

包其敏：“鸟蛋没有了，我马上去查录像。我上午 11 点半下班，回家时候角雉蛋还在巢里面，说明它没出问题。我是下午两点上班，中间只隔了两个多小时。”

在中午的两个多小时里，鸟巢中究竟发生了什么，黄腹角雉的蛋都到哪儿去了呢？在调取监控录像的同时，包其敏也拨通了护林员何振洪的电话，让他马上赶到现场去看一看。

何振洪在乌岩岭做护林员已经整整 30 年了，他了解这里的一草一木，当初安放实时监控的摄像头时，就是他帮助大家找到了野外的鸟巢，现在听到鸟蛋消失的消息，他第一时间赶到了现场。

午后的山林里静悄悄的，一切都显得那么安逸和平静，何振洪在鸟巢附近仔细搜索，但除了已经空无一物的鸟巢，他没有发现一点儿异常的迹象。

40 千米外，乌岩岭管理局里，听到野外孵化的鸟蛋离奇消失，人们全都聚集到了监控室。

大家一点点仔细搜索着录像带里记录的信息。

严华（乌岩岭国家级自然保护区管理局局长）：“在孵化期的母鸟会在鸟巢里一动不动地进行孵化，只要是肉食性的动物都可以对它和它的蛋进行攻击，比如天上飞的雕类，我们这里有一级保护的金雕。”

金雕是一种猛禽，它性情凶猛，行动敏捷，飞行速度极快。一旦发现目标，金雕会以每小时 200 千米以上的速度快速接近猎物，在最后一刹那，它们会止住扇动的翅膀，然后牢牢地抓住猎物的头

黄腹角雉特写（二）

部，将利爪戳进猎物的头骨，使其立即丧命。在野外，山鸡、兔子以及鼠类等都是金雕捕食的对象。

那么，山林中，这只正在孵蛋的黄腹角雉以及它身下的蛋会不会是被金雕吃掉了呢？

监控室里，人们仍在仔细搜索着录像提供的信息，几分钟后，在画面的右下部，人们的视线里出现了异常。

一条蛇出现了，它顺着树干爬向了鸟窝。

孵蛋的黄腹角雉

顿时，正在孵蛋的雌鸟被惊飞了。

林莉斯（乌岩岭国家级自然保护区管理局工作人员）：“黄腹角雉一点办法都没有。家里养的鸡看到天敌过来，也会拍动翅膀，会过去啄敌人。但是这种鸟只会站那里，好像走投无路了，只会‘咕咕咕咕’地叫。”

因为没有安装录音设备，人们无从听到雌鸟的悲鸣，但从监控探头录下的模糊图像中，人们还是可以感受到黄腹角雉在遭遇危险时的胆小和无助。它们一点反抗也没有，雌鸟眼睁睁地看着蛇把它的孩子吞进肚子，又若无其事地离开。

包其敏：“我们观察了一下这个录像过程，蛇把蛋吃了，整个过程都不到20分钟。”

不到20分钟的时间，3只还没有出壳的小鸟转瞬就被蛇给吞食了。冬季刚刚过去，在这个季节，蛇从冬眠当中苏醒过来，它最需要取得食物的滋养了。而一般的一些动物，例如田鼠什么的不好抓，所以蛇就打鸟蛋的主意，鸟蛋不会移动，只要爬上去吃就可以了，所以说这个季节蛇特别爱攻击鸟窝。一般的鸟可能还会反抗一下，或者呼朋唤友召集一大群鸟跟蛇打。但黄腹角雉不会，它傻乎乎的，虽然后来又转身回来了，不过到底还是离开了。如果这么下去的话，这些鸟蛋估计都保不住了，怎么办呢？看来必须采取一些人为的方法来干预了。

在北京师范大学科学家们的帮助下，乌岩岭的动物保护工作者们就开始在春天、鸟类繁殖期到来的前夕，为黄腹角雉安放人工鸟巢。这样的鸟巢会得到黄腹角雉的青睐吗？繁殖孵化的鸟蛋在这里又能否安全呢？

黄腹角雉不会筑巢，在野外它只能选择一些其他鸟儿废弃的巢来孵蛋，但这样的巢穴既不安全又不稳当，很容易使孵化的蛋受损。

黄腹角雉一年只生一窝蛋，一旦出现意外，整年的繁殖就会失败，而这也正是导致黄腹角雉濒危的重要原因。

人工鸟巢的安放地点选在了海拔 600 到 1 200 米的针叶阔叶混交林内，这里是野生黄腹角雉种群的聚集地。人们在人工鸟巢里铺上了厚厚的树叶，一切尽量模拟自然状态下鸟儿们巢穴的样子。

时隔不久，人们就发现，黄腹角雉在人工鸟巢里安家并开始产蛋了。

郑方东（乌岩岭国家级自然保护区管理局科研所工作人员）：“一般黄腹角雉一次产 3 ~ 4 枚蛋，少的时候是 2 枚，最多可以达到 6 枚，产蛋量应该也不低。其他鸟类，有些也就只有产 4 枚左右，关键是黄腹角雉对外面环境的适应能力太差，天敌很多，很容易被天敌捕食掉。”

人工鸟巢的投放是帮助黄腹角雉孵化繁殖的第一步，但到底怎样才能让它们避开天敌，不再发生曾经发生过的被蛇伤害的悲剧呢？

一连几天，何振洪都在做着这样的工作，他希望缠绕在树上的铁丝可以挡住爬行的蛇。他尽可能地让铁丝上的钩刺更细密，这样树上的黄腹角雉或许就更安全。

转眼 28 天的孵化期即将结束，再有 5 天，这棵树上的人工鸟巢里的小鸟就要出壳了。

午后，老何照例上山巡查，在这棵树下，他停了下来，举起自制的观察镜，看样子，这个窝里，雌鸟出去觅食了，但是鸟蛋呢？正在孵化的四个鸟蛋怎么又没有了呢？

空空如也的鸟巢

包其敏：“当时我们心里打了个问号，

这么大的蛋，被天敌吃了，认为总要留一些蛋壳痕迹的，但就是找不到，当时因为没经历过，有点百思不得其解，总怀疑是不是被人为偷盗了。”

黄腹角雉是一种鸟，但生活在乌岩岭的人们更多地把它叫作山鸡，曾经这种山鸡是当地人待客的美味，被大量绞杀，那时黄腹角雉种群数量曾急速下降。

但自从知道黄腹角雉是濒危动物后，捕猎就被严格禁止了。

然而现在，孵化繁殖的雌鸟和鸟蛋却突然间离奇消失，这不禁让人们怀疑，会不会又有人在偷猎呢？

天敌金雕

偷吃鸟蛋的蛇

大家马上调取监控录像开始排查。这时，一个身影闯进了人们的视线。

林莉斯：“我们就在监控室里看着，青鼬爬上去了，速度特快。”

一只青鼬顺着树干爬行，它躲过了铁丝围成的障碍，从树上直接爬到了鸟窝里。

包其敏：“这只青鼬偷了第一枚卵以后，过几分钟又来偷第二枚卵，原来蛋是被青鼬盗食了。”

别看青鼬个头小，但是非常敏捷，往往以鸟、鸟蛋、昆虫、小型哺乳动物为食，这些黄腹角雉的鸟蛋对它来说，也是美味大餐。

这对鸟，第一窝蛋叫蛇给吃了，人们为了保护它们，在窝旁边缠上一些铁丝，防止蛇爬上去。但是没有想到，还是被青鼬钻了空子。这一下，这对鸟在今年这一年就再也不会繁殖了，那就得等明年了，它们俩能不能

破壳而出的黄腹角雉幼仔(一)

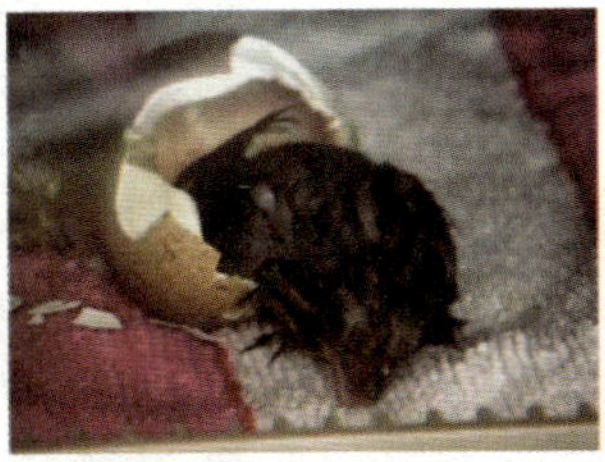

破壳而出的黄腹角雉幼仔(二)

活到明年还很难说。

就在记者拍摄的这个地区，大概一共有400只黄腹角雉，就算一半是雌性，也未必都会繁殖后代，因此说它们的生存境况堪忧。还有，黄腹角雉很呆很傻很笨，有天敌来了也不懂得还击，在这种情况之下，它们的生命真的是岌岌可危。

易地保护是拯救濒危物种的重要手段之一，对于黄腹角雉，这也是唯一可行的保护措施。

被救助后的黄腹角雉来到人工饲养环境下，它们在这儿能否正常生活，会遇到哪些困难？这里会成为它们新生活的起点吗？

在乌岩岭保护区海拔650米的地方，人们为黄腹角雉建起了笼舍。每天饲养员会按时定量地为它们投食，以保证笼子里的黄腹角雉营养均衡。

这是一雌一雄的家庭型组合，两只黄腹角雉都是人们从野外救助回来的，在这里已经住了一年时间。

它们居住的笼子外面编织着细密的铁丝，这是为了防止蛇、鼠等天敌的偷袭而设置的。

张雁云（北京师范大学生命科学学院教授）：“我们易地保护最终的目的不是把它们饲养在这儿，而是有朝一日找一个地方，把它们放归大自然。如果这个地方原来有的生物种群现在没有了，再次把这个种群放入叫作再引入；原来有这个生物种群，但是现在数量不多了，再把它们加一些进来，叫作再补充。”

春天来了，这个时候正是鸟儿们的繁殖季节，雄鸟首先要在这个时候发情求偶。

角雉类的雄鸟会竖起头上长长的角，并垂下脖子那里漂亮的肉裾，这个时候只要雌鸟发出一点信号，雄鸟就会马上冲过去完成它们的婚姻大事。

但此时，人工饲养的黄腹角雉却一点反应也没有，无论雄鸟还是雌鸟，好像春天这个爱情的季节都与它们无关。

郑方东：“这两只黄腹角雉一直没有发情，没有顺利交配，雌鸟产下的蛋，都没有顺利受精。”

人工饲养环境下生活的黄腹角雉能否发情，能否顺利完成交配，雌鸟又能否有效受精，这决定着这种濒危鸟类人工繁殖的成功与否。

然而，时间一天天过去了，这两只黄腹角雉却丝毫没有亲昵的表现，不仅如此，在一天下午，正在笼舍外清扫卫生的饲养员在无意之中还看到了更让人惊心的一幕。

陈双林（饲养员）：“一只雄鸟扑打一只雌鸟，用嘴拼命地啄打，打得很凶，雌鸟被打得头都流血了，爬不起来了。然后我就赶快进去看。”

林莉斯：“雌鸟已经被打得瘫在那边。我们只能把它抱回来。”

受伤的雌鸟头部被啄出了一个洞，人们只能立即为它消炎处理，进行治疗。大家百思不得其解，为什么看似温顺的黄腹角雉会如此凶狠，在雌鸟和雄鸟之间究竟发生了什么？受伤的鸟怎样才能避免被再次伤害呢？

张雁云：“如果是发情发得非常厉害的时候，雄鸟会炫耀一下自己的美丽，然后它试图叼住雌鸟枕部的羽毛，站在雌鸟背上。因为鸟类交配的时候，一般雄鸟站在雌鸟的背上，然后尾部翻下去，完成一次交配。如果雌鸟老不让雄鸟站上去，就会把雌鸟的毛给啄光了。”

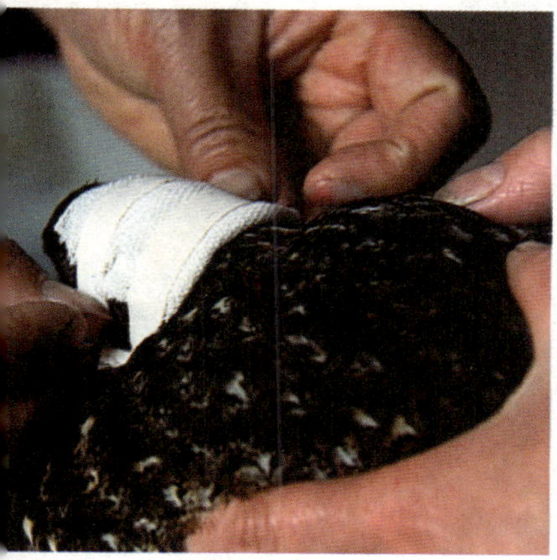

救助黄腹角雉

在长久的等待之后，雄鸟终于发情了，它试图完成交配，但雌鸟却没有与它同步，因此就出现了所谓的“家庭暴力”。

在救治之后，人们还是决定先把两只鸟隔离开。

现在的笼子变成了男生宿舍和女生宿舍，雄鸟住一边，雌鸟在它隔壁。它们互不影响，也不会出现争斗，但是爱情却不再发生，黄腹角雉的人工繁殖出现了瓶颈。

张雁云：“这个种群很难增长，所以我们慢慢地琢磨，终于攻克了人工授精的技术。”

在北京师范大学科学家们的帮助下，乌岩岭的动物保护工作者开始为黄腹角雉进行人工授精。

28 天后，小鸟出壳了。

雌性黄腹角雉在人工环境下筑巢

黄腹角雉是我国特有的珍禽，是国家一类保护动物，数量极其稀少。它稀少的原因无外乎几点：第一点是天敌对它的干扰，它能经过这么长的演化，活到现在确实不容易。当地人告诉我们，他们管这东西叫作呆鸡，为什么说呆鸡呢？别的动物，一有风吹草动，马上扑楞翅膀就飞走了，或者撒腿就跑。但是黄腹角雉遇上这种情况，却东看看西看看，看看到底怎么回事，结果等天敌真来了，没地方躲的时候，它就一脑袋扎到草丛里头，就好像自己看不见了，这事就没有了一样。所以但凡是个动物都能拿它作为食物，它能活到今天那简直太不容易了。

工作人员在救治受伤的黄腹角雉

第二点那就是人为影响了。人类在砍伐树林的同时，实际上就是让它们的栖息地逐渐减少，失去了交配的环境，所以难以为继。当人们想到了这个问题之后开始拯救黄腹角雉，发现在人工环境下雄鸟和雌鸟，似乎没有交配的意愿。它们觉得好像日子过得挺好的，也就不想生儿育女了，所以没办法，只好采取人工授精的方法。这个方法虽然可行，但它毕竟干扰到了这种鸟正常的一些行为，不大可取。所以人们一方面想方设法采用这种人工的方式，帮助它们保住种群；另一方面也期待着是不是有什么方法可以让它们在较为自然的条件之下进行生儿育女的活动。

失去一条腿的黄腹角雉

有一年，湖南省野生动物繁殖中心内来了两只被人救助的黄腹角雉。为了让它们繁育出后代，科研人员想尽了办法，终于在三年后诞生了第一只人工繁育的小宝宝，可是不幸却被老鼠偷吃了。为了再让黄腹角雉怀孕，大家不断模拟野外环境，为它们创造条件，黄腹角雉的数量一天天多起来了。但新的问题又出现了，怎样训练人工繁殖的小鸟，让它们早日回归自然呢？在北京师范大学科学家们的帮助下，黄腹角雉野化训练开始了。

被救助的黄腹角雉来到人工环境，科学家模拟野外让小鸟成功繁殖，并进行野化训练，它们将重返自然。

三只被救助的黄腹角雉来到了一个新家，这里是野生动物救护繁殖基地，在这里它们不再被天敌威胁，但能否成功繁殖，濒危的黄腹角雉还能回到大森林里吗？

这里有不少动物，但这里却不是动物园。这是一个动物救护机构，拯救黄腹角雉的故事就是从这里开始的。

黄腹角雉是我国独有的珍禽。全国一共有一千多只，而且都是集中在我国南部一些比较偏僻的地方。它也是国家一级保护动物。湖南省野生动物救护繁殖中心曾经从当地市场上小贩手里救回三只小的黄腹角雉，两只雌的，一只雄的，其中有一只雌鸟由于腿上勒绳子勒得太久了，如果不及时手术可能会危及生命，

工作人员在为受伤的黄腹角雉打针

人工饲养的黄腹角雉

救助下来之后人们想到的就是，第一时间赶回黄腹角雉的繁殖中心，立即对这只小鸟儿实施手术，看看能不能救回来。

黄腹角雉的腿断了，需要接骨，手术本身没有什么技术难度，但大家仍不敢有丝毫大意，这是他们第一次救护国家一级保护动物——黄腹角雉。

朱开明（湖南省野生动物救护繁殖中心主任）："我们把它们救回来的时候，三只黄腹角雉都不同程度地受了一点伤，所以当时首先考虑就是怎么样养活。"

虽然这只雌鸟已经做了治疗，但它的腿伤依然非常严重，几乎完全失去了正常的活动能力。

此时一同救护的另外两只黄腹角雉也依然没有进食，对工作人员给它们喂食的玉米置之不理。

受伤的雌鸟在墙角一趴就是一个星期，它的腿伤仍在进一步恶化。

李立（湖南省野生动物救护繁殖中心副主任）："因为它总是在不停地挣扎，包扎的那个部位不太好固定，伤口就不停感染，所以我们最后决定给它截肢。"

三只黄腹角雉被送来后不久，短短的一个月中，救护中心又从捕猎者手中截获了 12 只黄腹角雉。

这些黄腹角雉体质都非常虚弱，救护人员立即对它们实施救护。

所有的野生动物在经过偷猎者的捕捉和贩卖后，已经不可能再做到原环境放生。如果把它们放到陌生的地方，它们将因为缺乏食物和栖息地而无法继续存活。所以，人们必须在救护中心里为黄腹角雉营造一个新的家园。但这个家该怎么建呢？

李立："我们当时没有把握，因为没有这方面的经验。只能尽量给它们提供面积最大最舒服的笼舍。"

黄腹角雉胆小，为了让它们少受干扰，救护人员不仅给它们选择了最安静、隐蔽条件也最好的笼舍，而且还把每个笼子之间都用隔板隔开了，这样它们或许可以慢慢适应人工饲养的环境。但这些来自野外的小鸟能不能活下去？它们能否在这儿生儿育女？对人们来说，一切都是未知数。

李立："这种鸟是比较温顺的，所以它在野外是受攻击的对象，比如猛禽还有黄鼬、青鼬、豹猫这些食肉兽都可以对它进行伤害，甚至蛇对它的幼鸟都可以造成伤害。”

蛇是黄腹角雉的天敌之一，它常常在春天给黄腹角雉带来灭顶之灾。不久前，在浙江南部乌岩岭自然保护区内，人们就拍到了野生黄腹角雉的蛋被蛇偷吃的画面。仅用了不到20分钟，三只即将出壳的黄腹角雉就全都变成了蛇的美餐。然而让人惊讶的还不止于此，很多肉食动物都可能对黄腹角雉造成伤害。

野生条件下，黄腹角雉生存极其艰难，那么现在到了人工饲养环境中，它们能否安心地生儿育女呢？

春天来了，所有的鸟儿都到了发情的季节，雄鸟展示着自己美丽的羽毛向雌鸟求爱，这是它们最美的季节。

但是，在这里，黄腹角雉的爱情却迟迟没有来到：雌鸟在修筑着自己的小窝，雄鸟却在地上没有太大反应，它似乎对救护人员给它分配的这个妻子并不太满意。

黄腹角雉栖息在树上

黄腹角雉原本是野生动物，在人工环境之下，它是不是不适应？结果没过多久人们发现，它们活得很好，要不怎么说当地人管它叫呆鸡呢？好像对环境不是那么敏感，人饲养着它也挺乐意的，而且一点儿也不怕人，好像它天生脑子里就没有危险这个概念，慢慢还跟人类都混得挺熟。所以后来人们就陆陆续续发现，三年以来这个地方就养了四十多只黄腹角雉。但是有一个很重要的问题出现了，活得好了之后，虽然在这儿不愁吃不愁喝，这些家伙反而都丧失了繁殖能力，这可太奇怪了。

黄腹角雉来到了一个全新的环境，这里不会再有天敌，也没有了偷猎，它们可以安心地生活。

看起来这些小家伙已经喜欢上了这里，但是怎样才能让它们尽快适应这个新环境，在人工饲养的环境里生儿育女呢？

除了 19 号笼里一雄一雌的传统分配，救护人员在它旁边 17 号笼里分配了一雄三雌。大家觉得 19 号笼的一雄一雌之所以没有交配，可能是雄鸟对人为给它安排的妻子不满意，那么在这个笼子里，这只雄鸟能独自享有三位妻子，这样能不能增加它们发生爱情的可能性呢？

李立：“它们在这里吃食，或者是休息，梳理羽毛，很安静，但是没有发现它们有发情求偶的表现。”

发情求偶是动物们的本能。根据目击者的描述，每年的三到六月份角雉类的雄鸟发情时，会有这样复杂的求偶炫耀行为，它面向雌鸟，竖起隐藏在头顶羽毛下蓝色的肉角，还会把脖子下面漂亮的肉裾也甩出来。

可是，已经两年过去了，笼子里所有的黄腹角雉却都平平静静，似乎爱情和它们无关。

李立：“在野外的生存环境需要很大空间，还有一些树、地表的植物等，这些环境条件在目前笼养的状况下无法满足，所以我们当时就决定给它在一个较大的笼舍里模拟出自然环境。”

模拟自然的第一步就是栽树，为了让黄腹角雉能安心地在这里生儿育女，湖南省野生动物救护繁殖中心重新开辟土地，为黄孵角雉修建了一个大型的生态饲养棚。

四十多只野生救护的黄腹角雉被放到这个大棚中，一起进入这里的还有和黄腹角雉种群相似的红腹角雉、白冠长尾雉和红腹锦鸡。

雌性黄腹角雉在人工饲养环境下产蛋

人工饲养下的雄性黄腹角雉

这是一个非常冒险的举动，国际上普遍认为，野生鸟类的群养容易导致同性鸟类的争斗，造成伤害甚至死亡。黄腹角雉是一个濒临灭绝的物种，全世界现仅存数千只。如果黄腹角雉因为争斗而受到伤害，那将直接影响这个物种的保存。

然而不久，大家担心的事情还是发生了。一同试验的一只雄性红腹角雉在与同性争斗中脚部受伤。救护人员不得不对它进行紧急手术。经过手术后，红腹角雉被隔离在另一个大棚里。

三天后，一只雌性红腹锦鸡也因为打架受伤而失去了上喙，救护人员只能以人工方式来帮助它进食，直到它的上喙重新生长出来。

黄腹角雉在大棚中是最大的群体，也是救护人员最关心的种群，现在看来，它们相处还不错，没有出现激烈的争斗。而更让人欣喜的是，大家发现，在这里，黄腹角雉的雌鸟开始产蛋，那么，它们会不会已经有了爱情的结晶呢？

]年来第一只繁殖成功的黄腹角雉

李立："肯定是完成了交配的过程。但是我们没有亲眼看到，当时我们就想是不是平时观察的时间不对，还是我们观察的时候会干扰它们的交配？所以在后来我们就改变了观察的方法"。

每天早晨，李立和段文武都会早早地来到繁殖中心的饲养棚里，隔着笼子观察黄腹角雉，他们带着摄像机，希望能记录下雄性黄腹角雉求爱的场面。

李立："那天是三月初，早上六时到六时半之间，我走到那个23号笼舍进行观察的时候，看到一只雄性的个体在树根的后面，做一些发情求偶炫耀的动作。"

黄腹角雉终于开始了自己的爱情，它不断向雌鸟炫耀着自己美丽的外形。但是这一次它似乎没有成功。

李立："当时就缺乏向那个雌鸟最后一个冲刺的动作，这个动作好像没有表现出来。回去以后，我们就分析它为什么没有完成这个冲刺的过程。因为必须要向雌鸟冲刺，才能够完成最后的交配，产生后代。我们查阅资料发现，这个动作需要在一个矮一点的隐蔽物后面来完成。”

角雉类动物在发情时，雄性一般都会躲在树桩等障碍物的后面，等时机成熟才会快速地奔向雌鸟完成交配。在查阅资料后，大家在生态饲养棚里又为黄腹角雉添置了这样一些障碍物。

终于，在一个阳光明媚的中午，一只雄性的黄腹角雉开始向它心仪的“姑娘”表白，它们终于完成了自己的婚姻大事。

雌鸟趴在窝里开始了产蛋的过程。

经过 28 天的漫长等待后，在一个午夜，一只幼鸟破壳而出。这是湖南省野生动物救护繁殖中心四年来人工孵化的第一只，也是唯一的一只黄腹角雉。

作为我国的一级保护动物，又是独有种，如果能够解决人工繁育的话，也就意味着这个物种能够延续下去了，有了第一只，自然就会有第二只、第三只、第四只，那好消息就会接二连三不断传来。刚出生的黄腹角雉小宝宝看起来像什么呢？像小鸡，刚刚出来的时候是湿漉漉的。为什么呢？那就是因为它们跟咱们的家鸡都是共同的祖先，都是由原鸡进化过来的。

可是就在人们的欣喜的温度还没有降下去的时候，不久就传来了不幸的消息。

李立：“到第十天左右，有一天晚上，饲养员匆匆忙忙跑过来告诉我们，说这只人工孵化的黄腹角雉发生了意外。”

李立：“它已经不再活蹦乱跳，只剩一具尸体躺在那里，都已经不完整了，剩下一半翅膀，还有背部、一些零乱的羽毛。”

段文武：“当时我们推测可能是老鼠干的，因为我们这儿是山区，老鼠比较多，平时经常可以看到老鼠。”

在幽蓝的月光下，两只老鼠开始了它们这个夜晚的觅食活动，顺着孵化室门上一个小洞，它们窜进了黄腹角雉的笼子，并残忍地将出生仅仅十天的小鸟撕碎了。在孵化室外的鼠洞旁，救护人员看到了被撕碎的幼鸟翅膀，四年的希望被老鼠一夜之间毁灭了。

李立："非常可惜，就在我们认为会有收获的时候，又出现了这种意想不到的情况。给我们也造成了很大的打击。"

朱开明：所以第二年我们就格外小心，改善育雏室孵化育雏的条件，后来就一年比一年繁殖得多了。

在历经无数次的失败后，湖南省野生动物救护繁殖中心终于将黄腹角雉这种珍稀动物繁殖成功。然而，人们越来越多地发现，这些黄腹角雉已经没有了它们该有的野性。接下来人们该如何对黄腹角雉进行野化训练呢？

一场大雪把黄腹角雉饲养场的露天防护网压塌了，顶棚出现了一个两米多宽的缺口。这为上百只黄腹角雉提供了自由的机会，然而，整整两天的时间，竟然没有一只黄腹角雉离开这里。

李立："在人工饲养的环境条件下，黄腹角雉很多生长中会获得的能力和先天的一些本性逐渐地消退。"

这并不是一个好消息，这些在人工饲养环境下长大的黄腹角雉已经习惯于衣食无忧的生存状态，它们并不愿离开人工饲养的舒适环境。但是，作为野生动物，它们真正的家应该在大自然中。

湖南省野生动物救护繁殖中心里，黄腹角雉的野化训练在一个三千平方米的训练场里开始了。

李立："这个物种是中国特产的物种，所以我们希望它能够更好地在自然界存活下去，扩大种群数量，壮大它的队伍，希望通过采取这些措施，能够对保护这个物种起到一定的促进作用。"

7 月，又一只人工培育的雄性黄腹角雉在经过全面体检后，即将从湖南野生动物救护繁殖中心出发，它将被带到位于湖南省东南部的桃源洞国家级自然保护区黄腹角雉野外驯养基地。

在大山里海拔 1 800 米的地方，人们已经用围网为黄腹角雉搭建了一个 1 500 平方米的训练场。不久前有 5 只黄腹角雉被送到这里进行野化放归的实地训练，现在的它们已能独自觅食，并且健康状况良好。

今天，这个新伙伴也将加入到训练队伍中。野放之后，人们将通过无线电

正在进行野放训练的黄腹角雉

波追寻它们的行踪。

这里原本就是它们的家，但这却是它们第一次回家。

黄腹角雉这种生物生活到今天不能不说是一个奇迹。它们本身的飞行能力不强，喙、爪都不锋利，根本无法与它的天敌进行搏斗，而且作为一种鸟类，居然毫无警觉性，面对天敌的时候甚至不躲不藏。它的命运让人想到了当年的渡渡鸟，据说，当年登岛的时候人们就发现，渡渡鸟见到人不躲，反而向人冲过来，于是人们就大量宰杀，直到有一天发现，渡渡鸟已经灭绝了。对于黄腹角雉来说也是如此，它能够逃过大自然的天敌，但是它自己恐怕没想到，会毁在人类的手里。人类大量砍伐它的栖息地，加上对它美味的垂涎，所以导致它的数量急剧减少。幸亏人类现在意识到这个问题了，开始对它加以人工饲养，可是人工饲养的却又很难放养到野外去，还是希望它能够在天然条件下自然繁育。虽然这个过程会很艰苦，但是人类也希望通过种种努力弥补过去的一些错误行为，希望能有更多的物种留存在地球上。

（张世敏）

绝招养出“吃奶鱼”

说起养鱼，大家都很熟悉。很多人在自己家里养几条金鱼，用来观赏。有些人是搞水产养殖，养一些食用鱼、观赏鱼之类，养大了卖到市场，或者供人们来垂钓。可是有一个人，养鱼却养出了新名堂。他养的是一种能吃奶的鱼，这本身就够新鲜了。但最奇特的，还是养鱼的方法，他可是用新能源来养鱼的！这到底是怎么回事，新能源怎么跟养鱼扯上关系的呢？

山东省德州市陵县城南 5 千米，整齐地排列着 9 口鱼塘。最引人注目的，就是在鱼塘前面，矗立着四个巨大的风车，随着一阵阵风吹来，风车的轮叶在不停地转动着，成为一道独特的景观。这养鱼怎么还用上风车了呢？

说起这几个大风车，鱼塘的主人李永学颇为得意，这可是他自己琢磨出来的一大发明。另外，这鱼塘里的新鲜事还不止这些，李永学带我们爬到了厂房的楼顶，令人惊讶的是，这里排列着一组组的黑色玻璃管，和很多人家屋顶上的太阳能热水器非常相似。这到底是怎么回事？难道说养鱼，还要给它们洗热水澡吗？

吃奶鱼（一）

事情还要从很多年前讲起。1973 年，李永学应征入伍，新兵连训练结束后，他留在了某地军械所，一待就是 14 年。他曾经搞过夜间瞄准检查仪、航模、部队野战炊具等很多项目的设计和改进，还参加过 1985 年老山自卫反击战，荣立 6 次三等功，

1 次二等功。在部队的时候，他喜欢思考问题，自己动手搞一些小发明，曾经制作出了一套在当时还是很先进的太阳能热水器。

鱼塘的风车

李永学："我们那个时候制作的太阳能热水器，就是把铁管子涂黑，上面加个玻璃做保温，底下放上岩棉，这种热水器效率赶不上现在真空管的，毕竟那时候也算成功了，一天能供两个连队洗澡。"

李永学从部队复员，回到陵县，在县电业局电力设备厂担任厂长，之后从工作岗位上退下来，回到了家里。闲不住的李永学，没事就约上几个老战友去垂钓。他经常出去一整天，回来却是两手空空。但这反而更加激发了他对钓鱼的浓厚兴趣，没事就自己钻研，时间长了，他钓鱼的技术大有进步，往往出去半天，就能满载而归。天长日久，一个想法在李永学的脑海里产生了。

李永学：我喜欢垂钓，在垂钓过程中欣赏鱼，逐步产生了养鱼的兴趣，自己有一个养鱼池，要垂钓就很方便，就不用花那些钱了。

从那时开始，李永学就一门心思想着养鱼了。说干就干，他不顾家里人的反对，拿出了自己的全部积蓄，承包了70亩废弃的荒坑，开始着手建鱼塘。最早，他投放的鱼苗大多是食用鱼，以四大家鱼——青、草、鲢、鳙为主。干起来才知道，这养鱼可不像垂钓那样轻松，不光是要投入资金，更重要的是耗费精力。日常管理，投食、除草、打药、输氧、选苗等，非常烦琐。更令人发愁的是，钱也扔进去了，力气也花了不少，可这些活蹦乱跳的鱼，却硬是卖不上好价钱。这可怎么办呢？

李永学："当时想着退休了，找个事干干，有个休闲娱乐的场所。后来发现，养鱼确确实实很辛苦，起早贪黑，而且风里雨里你都得提前想到，还得想着防治鱼病，想不到就要出问题。"

后来经人指点，李永学才知道，水产养殖，最重要的是选好品种，那些普通的食用鱼，在市场上比比皆是，价格也很低廉，赚不到多少钱。如果不舍得投入，购买稀有品种，就很难赚到钱。要养，就要养那些值钱的观赏鱼。他开始四处参观，寻找合适的品种。有一次，李永学来到一个观赏鱼池，被这里的鱼吸引住了。这是一种花色美丽的鲤鱼，五彩斑斓，姿态优美。最令人入迷的是，这种鱼不仅不怕人，让人近距离接触，而且，它还有一种奇异的本领，会用奶瓶吃奶！只要把牛奶倒进奶瓶，把奶嘴放在水边，这些鱼就会游过来，争抢奶嘴，用嘴巴“吧嗒吧嗒”地吮吸，就像吃奶的孩子一样，憨态可掬。它就是锦鲤，还有一个好听的名字——吃奶鱼。

吃奶鱼

鱼塘养的鱼

李永学：“饲养锦鲤条件不算太高，因为这种鱼比较泼辣，相对来说是比较好养的一种鱼，水质达到要求了就行；温度方面，它还可以自然越冬，要求并不苛刻。”

李永学看准了，就要在自家的鱼塘里，养出可爱的“吃奶鱼”来！刚开始，他一次性买了500条锦鲤，投放进池里，经过一年的饲养，开始产卵了。眼看着小鱼孵化出来了，李永学激动万分，马上准备筛选鱼苗。没想到，一网捞上来，李永学却傻了眼。几乎是全军覆没！别说是模样端正、花纹美丽的纯种鱼苗了，就连像样的都找不出来几条，甚至有很多鱼苗出现了烂鳃、松鳞、痘疮等病变，这到底是怎么回事呢？

吃奶鱼（二）

锦鲤，素有“水中活宝石”的美称。它的原产地是中亚，后来传入中国，在唐代宫廷技师按照培育金鱼的方法，杂交变异后，近代传入日本，发扬光大，被称为日本的“国鱼”。锦鲤的价格，根据品种、体型和花色的不同，从几元十几元钱一尾，到几万元，乃至十几万元，非常悬殊。甚至有一条锦鲤，卖到了上百万元的天价！但名贵的锦鲤，比那些超女海选更加残酷。锦鲤一胎可以生产20万尾小鱼，小鱼出生后1个月，先是初选，顺利通关的十不余一。半个月后，第二次选美，再次十中选一。再过半个月，就是最严厉的三选，可谓是万里挑一，只有最精华的锦鲤，才能“万千宠爱在一身”。还有四选、五选，最终往往是全军覆没，偶尔能发现一尾完美的锦鲤，就已经非常幸运了。像李永学这样，头道关就出现这么多不及格，怎么能选出真正名贵的锦鲤呢？那么，像锦鲤这么皮实的鱼，为什么会得病呢？

好端端的锦鲤，为什么会得病呢？李永学在电脑上查阅了相关资料，也请教了水产方面的专家，终于明白了其中的道理。原来，成年锦鲤对水质的要求不高，但幼年的鱼苗就不同了。水里的氨氮含量、亚硝酸含量、氧气指数等，都不能超标，否则就会对鱼苗造成伤害。老李的鱼塘是一坑死水，时间长了，换水不及时，就会影响水质，进而影响到鱼苗的健康。

冷相钊（山东陵县水产工程师）：“观赏鱼养殖，对水质的要求比较严格，要求水质必须清新，尤其到了夏季高温季节，换水的间隔略微一长，水质就容易变坏，容易腐败，金鱼水霉病、蓝色病就纷至沓来了，会造成养殖的损失。”

李永学痛下决心，解决水质问题。这里地下水缺乏，也没有活水补充，只能让水来回循环利用，先把水抽出来，通过过滤、消毒、杀菌等措施，使水净化后，再注入回鱼塘里。但这样一来，另一件麻烦事又来了。怎么把水抽出来呢？要抽水就要有电，马达一发动，每个月光电费就是三千多元，这可是一笔不小的开支。能不能找到一种方法，既能提水，又能省电，一举两得呢？

李永学：“我的性格是干什么事都必须干成，无论在部队上，在电力公司也好，既然走到这儿了，我必须搞明白究竟哪里不行。我从来没向困难低过头，遇到什么困难解决什么困难，有什么问题解决什么问题。”

建风车

鱼塘的太阳能

山东德州是中国第一个新能源示范城市，风能、太阳能等新能源在这里已经得到了广泛的应用。而陵县也受到德州新能源发展的很大影响。李永学在电力公司的二十多年工作经验，让他深深体会到节约能源的重要性。他四处参观取经，终于萌生了一个大胆的想法：用风能代替电来抽水！

李永学：“电力紧张的时候经常会产生限电的现象，电能得靠基础能源，靠煤也好，靠水也好，能源是有限的，风能也是利用自然能源的一种方式，能节约多少是多少，能多给后人留下点儿什么。”

李永学采购了四个巨大的风车，回来按照图纸，把它们安装起来。这几个风车立起来，在当地引起了轰动，十里八乡的老百姓都赶过来看稀奇，议论纷纷。这风车有什么用途，难道是用来发电吗？要搞风力发电，从技术到资金，要求都非常高，一个养鱼的，能有这个实力吗？再说了，即使能发出电来，成本也比电网供的电要高得太多了！这不是瞎折腾吗？

鱼塘里养莲藕

李永学："风机吸收风能，把风能转化成气动力，转化成气体通过管道进入水泵，把水提到高位，进行水处理，为什么要进行水处理呢？过去的时候养鱼塘是死水塘，要把死水塘变成活水塘，把死水变成活水，流水不腐嘛。"

原来，李永学不是用风来发电，而是用风车抽水，提到楼顶上，在净化池中过滤消毒，完成净水循环，再注入鱼塘里。风车还有一个用途，就是增氧，不需要用电来带动增氧机，靠鼓风就能输送氧气。这四个大风车，三级风就能转，七级风自动停，无人操作，平稳运行，有效保证水质的常换常新，也成为这个鱼塘的一道独特风景。

李永学："我大概算个简单的账，我用了这四台风机，一台风机一天相当于是四千瓦电机的功率吧，一千瓦是一度电，四千瓦一个小时就四度电，这一天使用风能能达到 10 个小时的话，一天能节约 40 度电。"

刚开始，李永学还担心风车的效果，就专门花了一万多元，买了水质检测仪，经常检查鱼塘的水质情况。结果，一年多下来，每次检查都合格。大风车顺利地通过了考验。水质有了保证，李永学照顾鱼苗更加精心，不仅每天按时投食，而且隔三岔五还给小鱼喝豆浆，补充营养。同时，他还严格规定，禁止在鱼塘里用化学药物消毒，让小鱼健康活泼地长大。

李永学："别人的鱼钓上来就发现，有的鱼体质不行，再看看皮毛，到处有红点，到处有斑点，在垂钓当中可以看出来；我养的鱼就特别有活力，主要是给鱼喂饲料有讲究。"

说起风能的历史，真是源远流长。1 000 多年前，中国人首先发明了风车，并用它来提水、磨面。12 世纪时，中国的风车从中东传到欧洲。16 世纪时，荷兰人利用风车排水，与海争地，在低洼的海滩地上建国立业，并逐渐发展成为一个经济发达的国家。风车已成为人类文明史的一个见证。如今，风力发电更是成为我国新能源发展中的领军者。风车用来发电、灌溉，已经成为很普遍的现象。李永学就是巧妙地利用了风车的原理，把风能转化为动能提水，再把水提到楼顶，转化为势能。这样，有风就能提水，存在高处；没风的时候，也照样能进行水循环。这就解决了风能的不稳定带来的困扰。这或许也能给目前的风力发电的并网难题一个储能转化的新启示。

李永学又碰上了新的难题。有了风车的日夜转动，鱼塘里的水也在不断循环净化，水质倒是不用担心了。但是鱼苗的越冬问题，开始凸显出来。锦鲤能承受的水温在 2 ~ 30℃，一般可以室外越冬。但是，如果遇到寒流，低于 0℃，锦鲤无法抵御低温，就会出现大片死亡。而且，这种现象一般出现在冬春之交，正好赶上锦鲤孵化的时节，对温度的要求就更加严格。

李永学："锦鲤孵化的适宜温度一般是在 20 ~ 22℃，温度低一点，出苗速度会慢，温度过高了，超过了 25℃容易死苗。"

李永学想起自己在部队研制太阳能热水器的事，受到了启发：能不能也用太阳能给水加温，让锦鲤能在温暖的水里过冬呢？他买来了 24 组太阳能热水器，自己设计组装，一根管子每小时就能加热 10 千克水，然后用这些热水来做地暖，供应大棚里的鱼苗。再加上温度控制器，始终保持一个合适的温度，让鱼苗能温暖舒适地生长。

训练吃奶鱼（一）

李永学："没有太阳能热水器就得架设大棚的电锅炉，原来这么干过，但是这样不划算，本身资源浪费，还有污染，烧煤就污染空气了。如果用电加温浪费也很大，不划算，利用太阳能一次投资终生收益，最起码好用 15 年。"

有了太阳能，对老李帮助可太大了。他算过一笔账：虽然购置太阳能管的投入比较大，但是使用寿命长，一般在 15 年左右，把成本一分摊，就要少得多了。而且，还不用买煤、烧锅炉、雇用工人，这些费用都可以省去。相比较来说，还是太阳能更合算。更重要的是，经过调温处理，鱼苗能够提前上市，抢占先机。而且太阳能大棚里成长的鱼苗，就连个头也比室外的要大上许多。

李永学："在棚里孵化的鱼苗，与外边自然温度孵化的鱼苗，时间上能差一个月，这一个月的时间，我的鱼苗已经长得够结实，等鱼苗放入大塘的时候，水温也升上来了，这样我可以把单位面积产量提高 20% ~ 25%。"

训练吃奶鱼（二）

李永学的养鱼绝招，已经名声在外，吸引了许多人慕名而来。经过他的指导，附近的一家莲藕基地，也装上了两台大风车提水。而且，他们还和李永学结成对子，搞鱼藕混养，李永学投放鱼苗，吃藕池里的浮萍杂草，既喂肥了鱼苗，也清洁了藕池，丰收后分账，联合售鱼，五五分账。大风车既保证了清水长流，供给莲藕生长，又保证了水质清新，鱼苗健康。

藕农："这一年，35亩藕池，用了风车以后每个月节能一半，能省一千多元钱，一年就能把这个风机的成本省下来了，今年再用上，省下的钱就是纯赚的了。"

李永学的锦鲤，销路也越来越好。每天来他的鱼塘购买锦鲤的人络绎不绝。而且通过认真的筛选，他已经成功地卖出了几条名贵锦鲤，其中一条还卖出了10多万元的高价。今年，工厂化养鱼的二期工程又在破土动工，他也在规划着更大的蓝图。

李永学："从小养成习惯了，对先进、科学的东西比较感兴趣，我在家就要去试着做做，这好像与我的名字有关，'永学'，永远学习，活到老学到老吧。"

说起新能源、环保、节能、低碳，很多人都觉得那是国家的大事，仿佛离我们很遥远。其实，李永学养鱼的故事告诉人们，新能源并不是高不可攀，利用的途径也很多。如今，新能源的利用，已经走进了千家万户。太阳能的蔬菜大棚，既能种菜，还能用来发电；风车用来提水，既节省了电力，又灌溉了庄稼。只要留心，环保节能就在我们身边。

（宋前进）

林蛙南迁

林蛙是我国长白山东北地区一种特产，据说味道鲜美，它们体内尤其像雌蛙体内的输卵管，又被称为是蛤蟆油，据说 1 千克蛤蟆油的售价是 2 500 美元。但是可惜人们嘴太贪了，野生的林蛙已经很稀少了，于是现在只能靠大量的人工养殖。现在林蛙养殖有了新突破，不是在东北的长白山养林蛙，而是在我国的南方养殖。

在横亘我国东北的大、小兴安岭，长白山，那里有着茂密的森林和潺潺的流水，美丽的自然山河孕育了一种珍贵的动物——林蛙。林蛙是纯野生动物，属两栖纲、蛙科，也被称为雪蛤或者油蛤蟆，是我国独有的野生动物。

春暖花开的季节也是林蛙冬眠苏醒，争先恐后地进入池水中进行繁殖的时间。这也是养蛙人最期盼的时刻，大量卵的孵化就等于是大笔的收入。养林蛙在东北已经非常普遍，而人们也觉得林蛙是东北特有的产物，南方人很少想到去养它。没想到一个贵州的少数民族打工小伙子，无意间却被林蛙深深吸引了。

吴培华："老板请我们去酒店吃饭，他无意中点了一种东北林蛙，一盆里面有十只林蛙，你猜一下那盆菜是多少钱？ 1 200 元。"

这价格高得有点离谱，在外打工的吴培华从没吃过这么贵的菜。他想不明白青蛙在他的家乡到处都是，怎么到了饭店就这么贵呢？

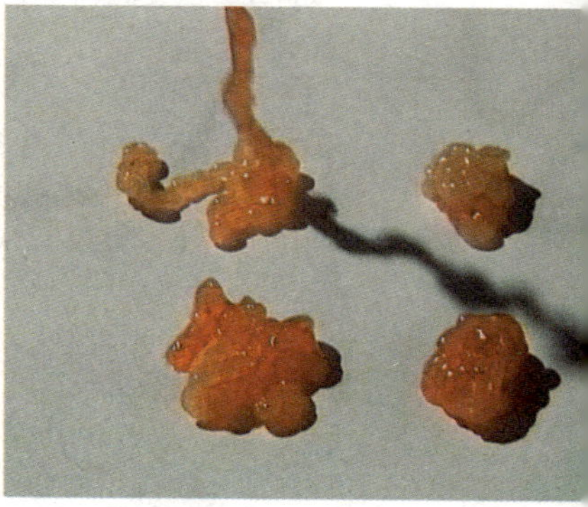

珍贵的"蛤蟆油"

吴培华："当时我就傻眼了，这青蛙在我们本地多得是，怎么卖得这么贵？我就询问老板。老板说，你看一下这个菜名是啥，是雪蛤，你们贵州有吗？我说没有。"

一问之下吴培华才知道原来这个东西叫林蛙，产自东北，和贵州本地的青蛙不一样。南方人也管它叫雪蛤，吃了可以强身健体，从那时起小吴就对林蛙上了心。

吴培华："我们贵州现在林蛙分布很少。如果把林蛙引到贵州来养殖，成功的话，肯定是有市场的。"

小吴的家乡在贵州的都匀，属于山区，自然环境非常好，山清水秀，年平均气温在20℃左右，小吴知道他的家乡也有很多蛙种。可林蛙的产地却是在遥远的东北，东北的温差非常大，冬季最冷的时候可以达到−40℃。这么远的距离，这么大的温差，小吴竟然想把林蛙迁到贵州去养，是不是有点异想天开呢？

其实小吴并不是个鲁莽的人，在决定养林蛙的时候，他不仅做了一些市场调查，还做了一项试验工作。

吴培华："用我们本地的野生蛙卵团进行实验，从外面采集到家里，用盆孵化出来蝌蚪，自己在幼蝌当中投喂，一直到蝌蚪变态成幼蛙。"

小吴拿本地蛙试养了一下，发现青蛙不仅好养，而且也好管理，这更坚定了他养林蛙的想法。不过小吴非常谨慎，他又找来几个亲戚朋友征求养林蛙的意见，没想到大家一听他说这事儿，就分成了两派意见。

吴培华的大哥："贵州没有人发展过这类项目，所以我们认为，带来贵州做肯定好。"

孵化出的蝌蚪

吴培华的外甥："投资太大了，万一失败了怎么办？"

听了亲戚的这些说法，小吴的妻子也开始担心了。

吴培华的妻子："这个项目是不是真的？万一是骗人的呢？"

吴培华异想天开要把东北林蛙迁到贵州，没想到却遭到家人朋友的质疑。其实亲戚朋友都想做点事，可是又怕自己辛苦打工积攒的那点钱，最后打了水漂儿。毕竟一种生物从原生地转移到了气候、水土完全不一样的地方，肯定是难以存活下来的。小吴一家一直举棋不定，谁也说不服谁，直到有一天，小吴遇到了一个改变他命运的人。

珍贵的林蛙

蝌蚪

东北林蛙最终能否迁到贵州？小吴当时就觉得没准可行，恰恰通过电视节目，他看到了一个人，东北林蛙生态研究院的院长朱志明先生，于是他就给朱先生打了一个电话："朱先生，你看看我们贵州可不可以养殖林蛙呢？"估计朱先生也是头一回听说这种事，贵州人想养东北林蛙，于是只能告诉他："如果有条件的话，把你们贵州地区当地的水、土壤给我带一些样本来进行化验，这两个条件如果适宜呢，也许这件事就能成一半。"

最初小吴他们担心的就是产在东北的林蛙，能否适应南方的环境和气候。听说专家要帮助他们检测水质和土质，他们非常高兴，兄弟三人立刻带着水样和土样，就去了遥远的东北。

吴培华："第二天，化验结果就出来了。专家说可以养，因为各项检验都合格，水质和土质酸碱度适中。"

查看土样

种蛙出现大量死亡

朱志明发现小吴家乡的水土很适合养林蛙，而且据他估计，小吴的家乡不仅适合养东北林蛙，而且可能养殖经济效益会更高。

朱志明（东北林蛙生态研究院首席专家）：“南方无霜期比东北地区长，在那儿养一年，等于在东北养两年半到三年。”

为什么同样是林蛙，在南方养一年能顶在北方养两三年呢？原来这跟林蛙的习性有关。林蛙是变温动物，没有调节体温的机能，当环境温度降到 12℃以下时，林蛙就会停止捕食，进入冬眠调解适应期，温度降到 10℃到 6℃时，林蛙就会进入深睡期。

在林蛙的故乡东北地区，每年的 10 月份，林蛙们就开始冬眠了，这一觉一直睡到第二年的 4 月初，冰雪融化，河水解冻的时候才会醒。也就是说，这一年当中，东北的林蛙只有半年的时间在长身体，剩下的半年都是在冬眠睡大觉。而在小吴的家乡却不一样。南方的无霜期长，林蛙的生长时间比北方整整增加了 50%，也就是 3 个月。

吴培华：“我们这儿平均最低温度是 5℃，最高温度就是 18℃至 20℃，依据一年当中的平均温度，在全国来说最适宜养林蛙。”

气候、环境都合适，小吴兄弟三人就合伙养起了东北林蛙。他们在朱志明那买了一万对林蛙种，小吴对待这些林蛙就像对待宝贝一样精心呵护。可是没想到，几天之后，林蛙就出现了问题。

林蛙种蛙出现了大量死亡的现象，他每天都能在种蛙圈里找到一些死蛙，仔细观察死蛙也不像生病的样子，小吴心急如焚，可就是找不到原因。而这时朱志明的出现挽救了小吴的损失。

朱志明：“这些林蛙死亡的主要原因是饿的，营养跟不上去。”

小吴怎么也想不到种蛙死亡的原因竟然是饥饿，因为他知道林蛙除了蝌蚪期，从幼蛙到成蛙，主要食物都是虫子。而且林蛙有个突出的特点，不挑食，凡是能捉到的虫子，都是它们的美餐。有人做过统计，1 只林蛙 1 年能捕食各种昆虫 3 万多只。在东北林区，可供林蛙食用的虫子只有五六十种，而南方可供林蛙吃的虫子，多达上百种，因此在南方生长的林蛙饵料更充足，营养更全面，长势自然更强壮。

但是小吴不知道虽然南方气候湿热，虫子的种类更丰富、数量更多，可是贵州的三四月份，虽然温度不是很低，但是昆虫的数量却并不多。2 万只林蛙只圈在圈中，靠它自然捕食根本不够吃的。因为林蛙只吃活食，后来按照专家的建议，吴培华在蛙圈里安装了引虫灯。

吴培华大哥："晚上还要使用引虫灯引蚊子过来吃，否则不够吃。"

朱志明利用昆虫的驱光性，晚上用光引虫，果然一到晚上灯光一开，很多林蛙就像特种兵一样，潜伏在诱虫网的周围，一旦有虫子落下，马上就会进到蛙肚里。另外小吴也养了一些蛆虫，在没有昆虫的时候喂林蛙，终于小吴的种蛙算是渡过了难关。

为林蛙寻找天然的食物

饲养蝌蚪

很快到了林蛙的交配繁殖期，这次有了朱老师的技术支持，好像一切都很顺利。

吴培华："4 月初，孵化包括产卵一切都很顺利，我们的孵化率比较高，基本上达到 98%、99%。"

一个星期之后，小蝌蚪就破壳而出了，看着这些孵化出来的小蝌蚪，小吴非常高兴，他 1 万对的种蛙产的卵有 150 万只，并且孵化率非常高。1 万对林蛙，居然收获了这么多蝌蚪，确实是挺出人意料的。

林蛙不挑食

毕竟朱院长有多年养殖繁育林蛙的经验，这些经验可以直接被移植过来，但是其实这对于一个饲养者来说，这恐怕才是刚刚走出来的第一步。

孵化池中已经显得拥挤不堪了，小吴也没想到，林蛙南迁之后竟然这么好养。这时小吴有点飘飘然了，开始做起了发财梦，觉得自己今年一定能赚大钱。但林蛙本身是一种完完全全的野生动物，现在把它给圈起来去饲养，对它来说要有一个适应的过程，再加上林蛙千里迢迢从东北迁到南方贵州，它能不能适应当地的环境呢？

蝌蚪刚孵出来没高兴几天，小吴还正做着发财梦呢，麻烦就来了：它们刚来到这个新环境，就有很多双眼睛在注视着这位陌生来客，而且它们都是林蛙的冤家对头。林蛙南迁，各种麻烦可谓是一拥齐上。

吴培华："一是地上的蛇，二是老鼠，一般我们晚上轮流巡逻。"

老鼠和黄鼠狼都是林蛙的天敌，因为南方天气的原因，老鼠和黄鼠狼的数量相对比较多。小吴对防老鼠、黄鼠狼没有什么好办法，就是靠人员的巡逻驱赶，倒也看不到多少了，但是蛇就比较难防。

吴培华："因为蛇的出没不定，我们还掌握不了它出洞的时间段，有时候晚上二时，有时候三时，不一定。我们在进场之前，都经过一次彻底的大清理，但是怎么也清理不掉。"

南方因为气候温暖湿润，蛇不论是种类还是数量都要比北方多，而且也比北方更活跃。对于防蛇的问题，吴培华一开始也没有什么好办法，后来他无意间听到一个消息，说鹅是蛇的天敌，结果小吴就在自己的林蛙圈外面养了两只大鹅，没想到这两只"大鹅护卫军"还真管用。后来小吴说在他的林蛙圈中很少能看到蛇，只是偶尔能进来一两条小蛇。不过小吴把林蛙圈的围墙都建成护蛇型的，蛇也爬不到圈内。如果在巡逻的时候碰到蛇，就把它挑到圈外放生，小吴也并不伤害它们。

地面上的天敌基本都可以防护，可是天上又来了，自从小吴在这里养上林蛙，他就发现天上的鸟逐渐增多，大大小小的鸟都虎视眈眈地看着他的林蛙圈。

吴培华：“早上最早出现的那拨鸟，专吃小蝌蚪。”

后来他们就在蛙圈里弄个假人哄鸟，而且吴培华还想了一个特别的招儿。

吴培华：“在假人边上挂一个光碟，光碟反光，鸟看到光碟反光就害怕了。”

吴培华利用鸟怕光的原理，在假人身上绑上两个废旧的光盘，竟然起到了意想不到的效果。鸟实在多的时候，他们就只能用人海战术，人为地驱鸟。

这下小吴的林蛙圈，天上地下可谓是被防护得犹如铁桶一般，林蛙被保护得很好，长势也非常喜人。蝌蚪逐渐变成了小蛙，开始往陆地上爬了。眼看着林蛙在南方就算养殖成功了。

没想到小蛙都基本爬上陆地的时候，竟然出现了大量死亡的现象。这时小吴才碰到了林蛙南迁的最大难关，抵抗力极弱的小蛙如何度过南方的高温呢？

朱志明：“因为南方高温的持续时间比较长，蛙就会大量发病。让阳光直射大约一日左右，林蛙虽不会死亡，但是它的细胞因子核会萎缩。一般也就是晒几个小时小蛙就会死。”

原来林蛙是两栖类动物，蝌蚪变成小蛙后，呼吸方式就由用鳃呼吸转变成了肺呼吸和皮肤呼吸，不过皮肤呼吸也只能占到30%。刚变态的林蛙都是水中、陆地两栖生活，如果小蛙爬到陆上后，长时间被太阳暴晒，回不到水中，几小时的时间就会死掉。因为小吴的林蛙圈内还不具备良好的绿地防护设备，最后采纳了朱志明的建议，给林蛙圈设置了遮阳网。

林蛙的天敌

如今小吴的林蛙长得非常好，连养蛙老手朱志明看了都连连称赞。

朱志明：“不到一分地，养了几千只蛙，在有些条件、有些设施技术没有到位的情况下，蛙都养得这么好。”

据专家讲，小吴养林蛙的难关基本都闯过来了，接下来就是好好管理的问题了。小吴对此也非常有信心。而且现在小吴的心态也基本放平了，现在他一心想的就是只要把蛙养好就行。

吴培华：“我们力争在最快的时间恢复立体生态，恢复好植被，然后把基础设施完善好，争取把这林蛙养好。”

小吴现在最大的心愿是，自己养好蛙之后，能带动家乡的父老乡亲一起养蛙致富，让更多的家乡外出打工者，回到自己的家乡。

原来林蛙在我国这片土地之上，过去是从南到北很多地方都有，如今它消失的一个原因可能就是环境发生了很多变化，此外就是人类的贪婪。现在小吴的养殖成功经验告诉人们，不仅仅这种生物的繁殖能力强，而且说明它原本就适应这里的环境。小吴养的林蛙特别大的原因在于，贵州地方天气相对于东北来说还是温暖许多，因此林蛙不用长三年，长一年就可以直接上市了。在小吴自己赚到钱之后，也想到一个解决林蛙过多的问题，林蛙多出来，销售不了怎么办？可以放一部分归入山林，山林里面才是它们真正的家。至于放归多少，会不会造成新的问题，这个可能还需要有关的一些专家再给小吴提供一些指导性的意见。

（王卫华）

林蛙养殖场

蠕蛆巧术

这一天，21 岁的张月和几个多日未见的好朋友一起聚餐。几个年轻人，饭饱酒酣之后相继睡去。然而，谁也没有想到，足以改变他一生的厄运随着黑夜悄然降临。深夜，一场大火将正在酣睡中的张月团团围住。

陆长飞（张月的朋友）：“他的腿卷在被子里，头窝到墙角处，所以火没有烧到他的上半身。”

几个人赶紧把张月从火堆里拖出来，并很快送往了医院。据张月的朋友们后来回忆，可能因为当时大家都很兴奋，也不知道谁就把烟头不小心掉进了被子里了，等大家都睡着了，被子被点燃了，着火了，大家才惊慌失措纷纷往外跑。但是这烟却把张月给熏晕了过去。他被烧到了什么样的程度呢？腿上尤其是脚的皮和肉几乎都已经没了，直接就烧得只剩下骨头了。

伤势严重的张月，被紧急送往手术室。然而，当医生们看到他的双腿时，全都惊呆了。

李少华（山东省立医院烧伤科护士长）：“创面像皮革一样，触之没有弹性。”

傅洪滨（山东省立医院烧伤科原主任）：“烧到肌肉和骨头了，两只脚都烧干了。”

张月的伤势超出了所有人的想象。更令医生担忧的是，患者两条腿上有很多地方的肌肉已经坏死。

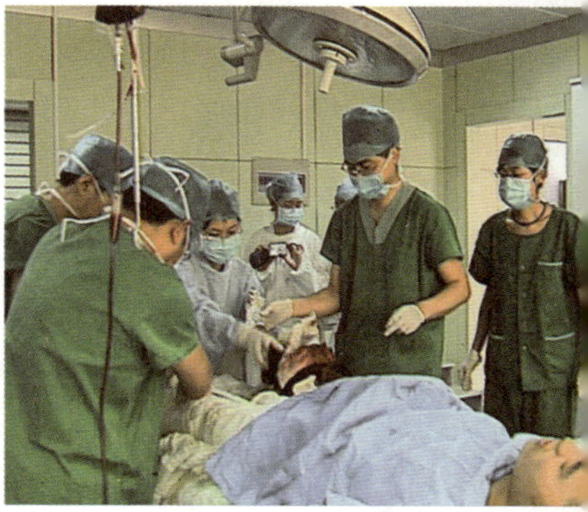

急救

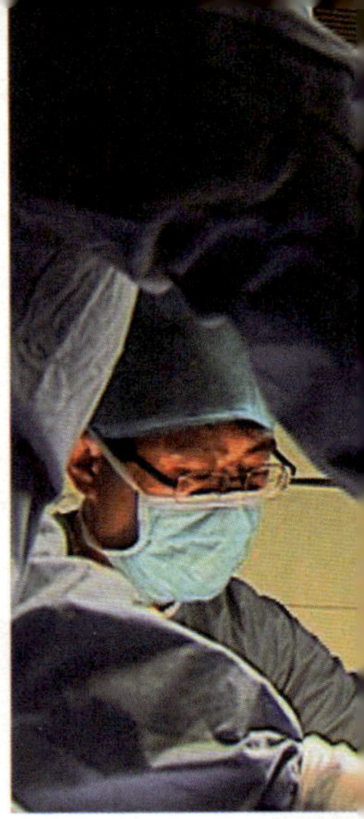

霍然（山东省立医院烧伤科主任）：“他脚上的皮肤、肌肉、皮下组织，包括骨膜全部烧坏了。也就是说，所有神经的营养作用全都失去活力了，腿脚已经炭化，已经从有机的物质变成完全无生命的组织了。”

经过紧急救治之后，张月的性命虽然是保住了，但是等待他的，还有更大的磨难。

张月出生在山东一个普通的农民家庭中。在他 11 岁那年，父亲把他送到了当地的一所武校。从那以后，张月就跟武术结下了情缘。

张立军（张月的父亲）：“张月去过全国各地，也去过国外演出，哪里有义演的机会，比如说奥运会、亚运会的开幕式他们也跟着去。”

看着儿子一天比一天更有出息，父亲内心充满了喜悦，眼看这往后的日子会越来越好了。但是一场大火，让这个快乐的家庭一下子跌进了痛苦的深渊。

张立军：“看到孩子的脚都烧焦了，大腿全烧煳了，当时我心都碎了。完了，他站不起来了。我真是绝望了。”

对于这样严重的烧伤患者来说，首先就是体液组织液的大量渗出，渗出之后导致体内各种平衡被打乱，很有可能最终身体失衡，或者他的身体处于衰竭状态，这个人就无法挽救了。其次，烧伤患者没有了皮肤，皮肤是人体最外层的一套保护系统，其实和防弹衣是类似的，可以防止各种致病微生物进入人体。现在对于张月来说，身体很多部位的“外层防弹衣”已经全部没有了，各种致病微生物这个时候就会蜂拥而入，导致他面临感染的问题，搞不好的话就会出现败血症这种非常可怕的疾病。因此对现在这个小伙子来说，此刻绝对是危在旦夕。

就在患者刚刚脱离危险十几个小时后，一件更可怕的事情发生了。由于烧伤面积过大，张月全身已经呈现败血症，医生必须马上进行清创和处理。

傅洪滨：“我们用手术刀把他坏死的皮都去掉，然后用别人的皮把伤口覆盖起来。”

尽管进行了多次的清创处理，可是张月伤口的溃烂依然在蔓延，并且在持

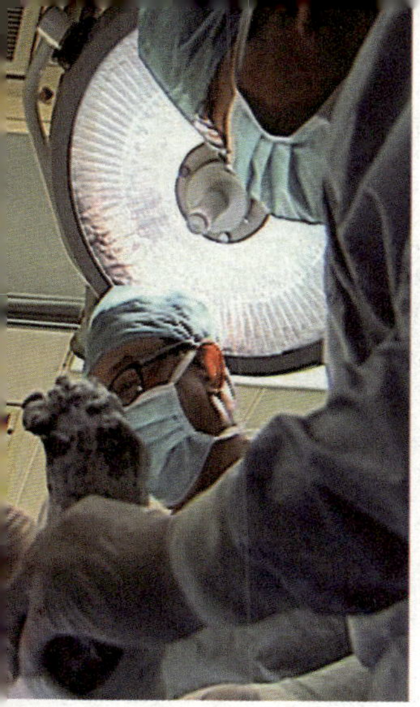

手术中

续高烧中出现了全身中毒的症状。

傅洪滨："患者坏死的肌肉很多，情况很不稳定，血象逐渐升高，白细胞升到四万多。"

因为烧伤的程度深浅不一，边缘不清晰，手术清创效果并不理想。

覆盖在人体最外面，与人的外貌直接相关的是皮肤。在皮肤与骨骼之间的，就是肌肉。张月感染溃烂的不仅只是表皮，已经深入肌肉和筋膜。

霍然："筋膜组织比较致密。如果用药物溶痂的方法，会比较慢。用手术刀去除的方法，可能会损伤一些正常的组织。"

由于肌肉中密布着动静脉血管和神经，稍不留神就会酿成不可挽回的后果。更为严重的是，张月感染溃烂的部位深浅不一，已经坏死的肌肉组织和周围好的组织混淆不清，医生感到左右为难。

吕仁荣（山东省立医院烧伤科博士）：双脚截肢的可能性很大，但是截到什么位置，就看坏死的肌肉清了之后能剩下的健康肌肉，如果多到一定程度，截肢的位置就可以比较低。

而张月双脚以上的部位，也不容乐观。尤其是小腿前面胫骨已经完全暴露出来。截肢已经无法避免了。一个想要靠武术生活一辈子的人，顷刻之间没有了双腿，对于全家人来说，这犹如一场晴天霹雳。

张立军："我这个孩子练了十年的武术，结果站不起来了，这个孩子以后怎么办呀？"

痛苦欲绝的父亲，此时完全没有主意。而医生那边，大家也是一筹莫展。

霍然："要为这个年轻生命决定截肢，我觉得特别惋惜。"

感染溃烂仍在蔓延，如果再控制不住，那么不仅患者的双腿保不住了，就连他的生命也很难再维持下去了。

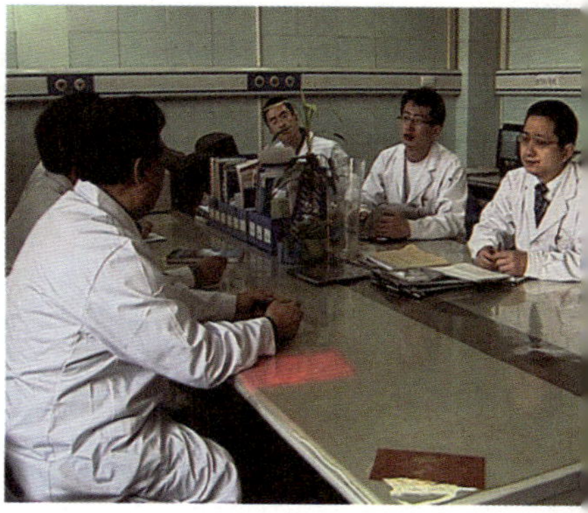

医生在讨论

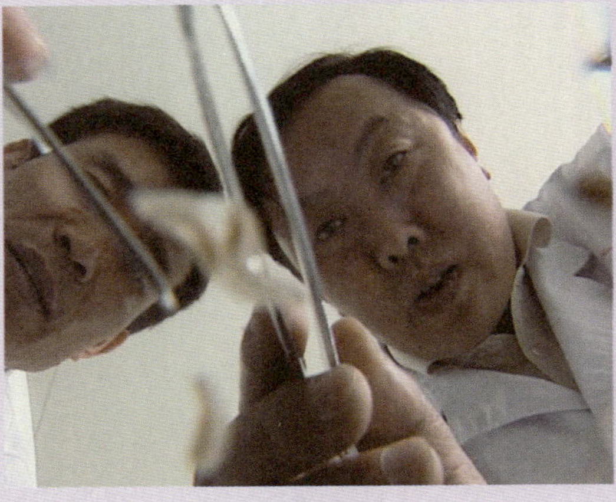

医生研究蛆

蛆的特性

实验室饲养苍蝇

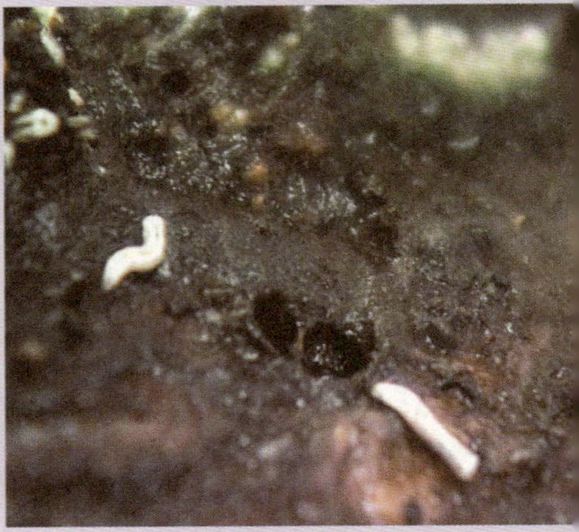

利用蛆吃掉伤口上的腐肉

傅洪滨："患者已经发高烧，中毒症状非常明显了。"

因为大面积烧伤后，身体很多组织开始感染、溃烂，这些坏死的细胞通过血液循环进入身体，超过一定数量就会引起败血症。而经历了这么长时间的治疗之后，张月重创的身体对于抗生素耐受性也达到了一定的极限。对张月的家人来说，是保命还是保双腿，这个抉择也来的有些太突然、太残酷了。

傅洪滨："需要高位截肢，从骨盆两边截，这个决定对孩子来说太残酷了。"

看着已经逐渐出现败血症的张月，医生们必须尽快做出决定。傅洪滨开始查找资料，希望另辟蹊径。

傅洪滨："英国人用蛆治疗糖尿病并发症的坏死脚，国内大连医学院下面有一个附属医院，他们有几个坏死脚患者，放了几千头蛆也都修复了。"

然而，当傅教授把他的想法告诉张月家人的时候，他们完全不能接受。

利用蛆吃掉伤口上的腐肉

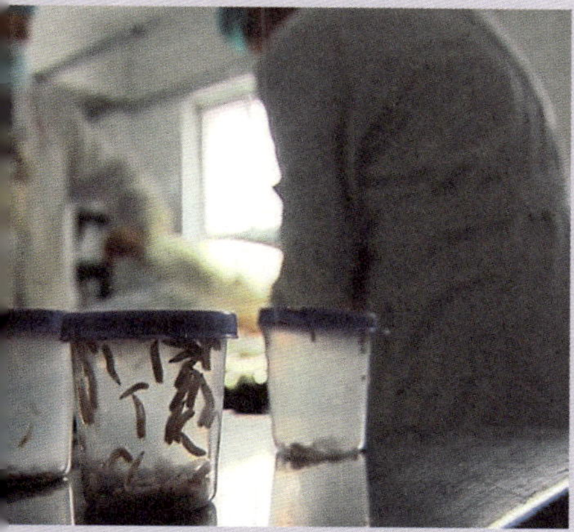

利用蛆来清创

张立军：“我认为这是不可能的，蛆能治病吗？”

陆长飞：“在脏的地方才生蛆呢，用蛆治张月的腿怎么能好？那样不是会有很多脏的东西吗？”

蛆，是苍蝇的幼虫，而苍蝇，在人们的日常生活中，毫无疑问是一种传播细菌和疾病的生物。同样，在自然环境中繁殖的蛆，生存的环境就更是肮脏不堪。

张立军：“死人能招蛆，活人身上哪有蛆？有蛆不等于死了吗，我孩子不就没治了吗？那不更绝望了……”

那么，就是这样一种人们唯恐避之不及的东西，医生们又为何提出要用它的幼虫——蛆来为张月清创呢？

王江宁（首都医科大学教授）：“蛆的生物学特性有一条最主要的，就是不吃活的东西，它专门吃腐烂的东西。”

在人类没有好的抗生素和一些消炎抗菌的方法之前，伤口很容易就发炎化脓腐烂了，所以那个时候战场阵亡率是非常高的。人们想尽一切办法也解决不了这些问题，结果后来无意中发现，在没有对伤员施以任何救助的情况之下，有的时候有一些伤员的伤口竟然能够奇迹般地愈合。人们百思不得其解，后来发现，恰恰可能是因为当时有一样东西被人们忽视了，那就是蛆。因为蝇、苍蝇这一类的生物非常喜欢在腐烂的生物体上繁殖自己的后代。一旦有蛆出来了之后，这些蛆就开始吞噬周围这些已经腐烂的组织，但是那些好的组织它们却不碰，都给留下来了。后来人们也发现蛆类本身能够分泌一些抗菌的物质，因此有时候不去人为地处理伤口，结果还把病给治好了。当然在那样的条件之下这也是一个万不得已的办法，也不是说这个办法就百试百灵。幸亏后来有了抗生素，又有了一些对抗细菌的办法，之后这个方法也就渐渐被人们弃之不用了。

事实上，用于清创治疗的蛆并不是普通的蛆，选用的都是在实验室无菌环境下饲养的苍蝇，经过了几代繁殖以后产下的卵孵出的幼虫。在临床使用前，又经过了碘附浸泡等多道严格的消毒工序，可以说在清洁程度上已经做到了万无一失。然而，最让张月担心的还不仅仅是清洁的问题！

张月：“蛆要是钻进我的肉里去，出不来，如果再烂到里面，或者死了，那就会有新的腐烂了。”

的确，把蛆放在伤口上吃腐肉，这种方法仅仅是外国文献的记载，在我国的应用并不多，谁又能保证它们不会伤及人体的健康组织呢？

傅洪滨：“蛆能分泌一种消化酶，把坏死组织化成液体，然后它再吸收进去，但是在它的消化过程中，把坏死组织也消化了，把细菌也消灭了。”

尽管心存顾虑，但是，看着病床上虚弱的儿子，父亲似乎已别无选择。

事实上，用蛆清创这个技术对于医生们来说，并不陌生，因为在这之前，他们已经做过很长时间的研究，并申请了国家自然科学基金。

王寿宇（博士）：“蛆虫在与感染创面的细菌接触的过程当中，会分泌自己体内的一些物质，这些物质到底会产生什么样的作用？到底是蛆虫的分泌物中的哪些成分能起到抗菌作用？这是我们申请自然基金的一个主要目的。”

得知世界上其他国家在这个方面的研究已经走在前面了，王江宁决定组织人员进行课题攻关。如今几年过去了，这个课题研究已经有了很大的进展。

王江宁（首都医科大学教授）：“以前只能对蛆进行体外消毒，这个只能达到一定的作用。现在就不同了，是从蝇卵开始消毒，这个孵化后，确实是真正的无菌蛆。”

怀着最后一丝希望的父亲，终于在手术确认书上签下了沉重的一笔。之后，张月被推进了手术室，那么他是否从此就会转危为安呢？

张月：“我爸我妈一直在安慰我，说放心吧，不要紧，这只是一种治疗方法，而且效果会非常好。我也相信，肯定会治疗好。”

虽然理论上是万无一失，但是当米粒大小的蛆虫放入张月的伤口时，大家的心都悬了起来。

张月："下肢体的肌肉都在蠕动。这种感觉从来没有过，不知道怎么形容。"

记者："还能忍受吗？"

张月："能。"

记者："傅主任，放了多少？"

傅洪滨："5 克蛆是 2 000 头，现在放了 190 克蛆。"

记者："他现在的情况怎么样？"

傅主任："这蛆是 2 龄蛆，它还有两天的寿命。"

但是张月还是担心，那么多的蛆虫被放入伤口，怎么保证它不再引发感染呢？

苍蝇的一生需要经历卵、蛆、蛹和蝇四个阶段。由于蛆正处于生长发育的高峰期，所以它要大量地吞食腐烂组织，而当蛆长到七八天以后，就会变成蛹。一旦变成了蛹，它就必须离开潮湿的环境，去寻找一个阴凉、干燥的地方。

王江宁："就算死在里面，它也会一点一点变成浓汁，被第二批、第三批、第四批部队进去吃掉。"

为了确保放进伤口的蛆能一条不少地被取出，医生们用塑料薄膜将张月的伤口包扎好，并嘱咐家属认真看护。

张月："我躺着的时候，它们就爬到我肚子上来了，特别麻，不舒服，特别瘆得慌。"

张立军："后来我听见那蛆"吱吱"的声音，它们蠕动着吃那些烂东西。"

蛆放入伤口已经十几个小时了，张月现在的情况究竟怎样呢？第二天早上，当医生掀开蒙在张月腿上的塑料薄膜时，眼前的这一幕完全出乎了所有人的意料。

吕仁荣："一天至少扩大一倍。如果第一天是 1 的话，第二天是 2，第三天就是 4。第四天可能就是 8，蛆就是这种生长速度，长得很快，像翻番一样的。"

张立军："蛆变大了之后，有点透明的感觉，肚子里面全都是黑的。"

生物清创还不到 24 小时，持续高烧的张月，体温已慢慢下降，而身体的其

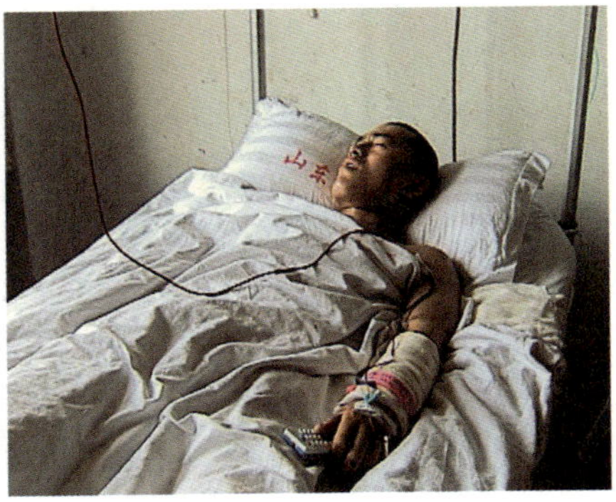

受伤后

他体征也逐步稳定。

傅洪滨："第二天患者马上想吃饭喝水了，这让我们非常高兴。"

张月的性命虽然保住了，但是，仍然有一个问题困扰着医生。

霍然："我们想尽可能地减低他截肢的平面，这样对孩子以后生活质量的提高是非常好的。"

于是，张月被再次推进手术室，接受第二次生物清创。

王江宁："腿部组织从骨缝烂到这一侧去，那如何清理呢？把这一侧也切开，蛆就可以从这个切口里面钻进去，把里面的坏死组织都给掏出去。"

经过连续清创之后，张月的情况有了明显的好转，受伤的腿似乎有了知觉。

张月："只要是有创面的地方，都会有针扎的感觉。但不是很痛的那种。"

吕仁荣："用了这么多种治疗方法，是有一个刺激作用，很疼痛。患者也是浑身哆嗦，强忍着。"

在医生们不懈的努力之下，张月凭着他顽强的意志，最终战胜了死神。

李少华："把蛆放上去以后，三五天后，就能看到那个创面一天天改善，创面出现了新鲜的肉芽组织。"

霍然："我们就尽快用皮肤移植或者皮瓣移植的方法，把创面尽快地盖住。"

几个月后，经历了一场生死磨难的张月终于安全度过了感染期。

成功清创一个月后，张月接受了截肢手术。虽然双脚没了，但是等完全康复之后，医生们将给他安上假肢，到那时，他就可以和正常人一样生活了。

祝愿小伙子早日康复，早日能够再次站起来。有的时候一些老方法在经过现代医学的补充和辅助的治疗之后，往往也会焕发出一定的青春，就比如说这种蛆虫的疗法，实际上不仅仅是能治疗这种疾病，像晚期的一些糖尿病足这类的患者也有人进行尝试，并且效果也是非常不错的。最后还要再提醒大家，家庭防火是非常重要的。

（李瑛）

消失的萤火虫

“萤火虫，夜夜来，点着灯，结着彩，飞到外婆家里去，叫她到我家来做客。”

这首流传于我国民间的歌谣，如今已经很难听到了。因为曾经给无数人童年带来快乐的萤火虫，正悄悄从人们身边消失。

据说过去，在夏日，或者是在入秋的时候，都能见到萤火虫。那么为什么现在没有萤火虫了呢？是由于人类的影响，还是自然条件的改变，或者这个物种已经走到一种将要灭绝的境地了呢？

暮色降临，在云南省墨江县附近的山林里，蛙鸣声此起彼伏。点着灯的萤火虫，从四面八方赶到这里，仿佛来参加一场盛装舞会。此时，有两位“不速之客”，正悄悄地走进它们领地，他们是中国科学院昆明动物研究所的昆虫研究专家。

梁醒财（原中国科学院昆明动物研究所保护中心副主任）：“天刚刚擦黑的时候，萤火虫就开始活动，一直到9时、9时30分的时候，萤火虫的活动就结束了。”

寻找萤火虫

由于萤火虫在夜间活动的时间很短，所以专家们必须尽快采集到他们所需的样本。萤火虫是一种适应性很强的昆虫，除了寒冷的极地和沙漠之外，世界上的各个地区都有分布。如今，已发现的种类有两千多种，在我国生活着一百多种萤火虫。

面临灭绝

梁醒财："除了东北，我们没有正式去考察过以外，几乎所有的省我们都去过了，最后采集到了一百多个种类，现在鉴定出来大概是 110 个种，还有二三十个种现在没法鉴定。"

然而，20 世纪 90 年代，从事昆虫分类学研究的梁醒财在考察时发现，我国野外萤火虫数量正在日益减少。

村民："通了路后，萤火虫更少了。"

更让梁醒财吃惊的是，在我国北方的许多地区，原有的萤火虫竟然所剩无几了。

梁醒财："第二次世界大战的前期，有人做过一次叫满蒙萤火虫的调查。在那次调查中，日本人记载了我国北方地区也就是当时的满蒙地区，萤火虫有大约 20 个品种。但我们后来沿着那本书记载的路线进行过一次考察，结果我只采到一两个品种，大部分地方都没有萤火虫的踪迹了。"

这么大一片区域的萤火虫都去哪里了？难道是它们集体消失了吗？

昆虫是所有生物中种类及数量最多的一个种群，它们在生态圈中扮演着很重要的角色。作为花粉的传播者，蜜蜂帮助植物完成了繁殖。而萤火虫，因为具有超凡的捕食能力，成了农作物的保护者。

蜗牛是农作物最大的害虫，它主要以植物为食，特别喜欢吃农作物的细芽和嫩叶。成年的萤火虫对这样的猎物毫无兴趣。

但是，如果遇到萤火虫的幼虫，情况就完全不同了。

侯清柏（中国科学院昆明动物研究所）："因为它们的幼虫是取食软体动物的，像蜗牛、田螺、蚯蚓等。"

梁醒财："萤火虫幼虫的两个上颚很大，可以伸到蜗牛的壳里面去，伸进去以后，分泌一些唾液，唾液里面有消化酶，把肌体变成液体以后吸吮进去。"

共享美餐之后，萤火虫纷纷离去。事实上，萤火虫并不是群居性昆虫，它们喜欢独来独往。白天，它们躲在草丛中休息，到了夜晚，它们才会出来稍稍活动一下。

梁醒财："到了晚上它出来活动的时候，大部分鸟类和其他动物实际上都已经休息了，所以对它的危害不是很大。"

独居的萤火虫

这种独特的生活方式，让它们躲过了一次次的危机，幸运地活了下来。

它们原本是我们身边最熟悉的昆虫，如今却只留在了我们的记忆中。有着顽强生命力的萤火虫，为何会从我们的生活中消失？它们到底去了哪里？

我国云南地区出产的一种陆生萤火虫，它们的幼虫满身都是鳞甲。这种幼虫要是被放大无数倍，那形象绝对就是一个史前怪兽。想一想，它长大成成虫之后是什么呢？是一种食肉性的昆虫。食肉性生物的生命力肯定特别顽强，但是为什么现在在城市当中，在很多过去能够看到萤火虫的地方，甚至包括农村，都几乎看不到它了呢？萤火虫现在就像《格林童话选》里面的童话故事一样，只存在于书本当中，生活里似乎已经看不到了。

因其特殊的气候环境，云南的西双版纳不仅拥有丰富的动植物资源，更是萤火虫的王国。这里生活着 50 多种陆生和半水生萤火虫。

萤火虫正在进食

萤火虫是变态性昆虫，它的一生要经历卵、幼虫、蛹和成虫四个阶段。这其中幼虫就占了它生命中一半多的时间。幼年时期的萤火虫，身体不仅分节，而且还长有三对短足。

梁醒财："所以萤火虫属节肢动物门。其实节肢动物是属于动物界里面最繁盛的一个类群。为什么呢？因为节肢动

观察

物里面有几个类群，特别是昆虫类，是相当的繁盛。它的某些类群在某种意义上是与哺乳动物，就是现在人们认为最高等的类群是接近的。”

这种与人类有着紧密联系的昆虫，为什么会消失呢？难道是因为气候的因素，迫使它们中的一些从北方迁移到南方来了吗？

经过六个多月的捕食，幼年的萤火虫就进入了蛹期。如今，它要为自己找一个巢穴，隐藏起来。

一周后，羽翼丰满的萤火虫，从蛹室里爬出来。像其他的昆虫一样，大部分的成年萤火虫都长有翅膀。

侯清柏：“萤火虫，一般被称为软鞘类，鞘翅目外面那一对翅膀是变成硬壳的，属于鞘翅，里面还有一对软膜的翅膀。”

蜜蜂是我们最熟悉的昆虫之一。为了寻找蜜源，有时候它们必须飞到离巢穴 10 千米的地方。蜜蜂通过快速扇动翅膀，实现远距离飞行。超强的飞行能力在帮助它们扩张领地的同时，也保证它们从一个地方迁移到另一个地方。但是，萤火虫除了有一对膜翅之外，还多了一对鞘翅。这不仅加重了萤火虫的体重，而且还减慢了萤火虫翅膀的扇动速度。

侯清柏：“它们的飞行距离，从这一点飞到下一点，一般我们见过最远的可能就是一百米左右，它要先找到一个落脚点，才会继续下一次飞行。”

让萤火虫无法远距离飞行的另一个原因，就是成年的萤火虫，必须在它们生命最后的二十天里，完成繁育后代的任务。

侯清柏：“雄虫一般只要交配后，生命很难超过五天。雌性一般交配完之后，首先找个地方产卵，产卵的过程有时可能就要花费好几天。”

成年的萤火虫不再捕食，它们靠吸吮露水和花汁来维持生命。它们唯一的希望就是尽快寻找到配偶，并繁育自己的后代。

对于所有的生物来说，大自然就是一个弱肉强食的世界。生活在生物链低端的动物，只有靠大量繁殖，才能争得一席之地，萤火虫也是如此。

侯清柏："在热带也有些种类的萤火虫孵出率是相当高的，我养过一种，产下70个卵，孵出来有67个，高达90%多。"

从四面八方赶来的萤火虫

完成交配任务的雄性萤火虫，很快死去了。而雌性萤火虫正在四处寻找适合产卵的地方。

萤火虫的生命就这样一年一年轮回。为了躲避天敌，萤火虫选择了夜晚出来捕食。即使是这样，它们仍然无法摆脱被掠杀的厄运。面对即将从我们身边离去的萤火虫，人类又该怎样留住它们呢?

如此庞大的一个族群，如此顽强的生命能力，还有它独特的交流系统，它独特的发光机制，而且，它对人又没有任何危害，人们在灭除蚊子、钉螺、血吸虫的同时，不会想到要杀死这些萤火虫，可是它们的数量为什么就偏偏迅速减少呢?

在距离昆明市30千米的松华坝水源地，流淌的河水从北向南途经昆明市，进入滇池。为了寻找萤火虫消失的原因，梁醒财带领课题组的人员来到了这里。

产卵

繁育后代

然而，让他吃惊的是，原本生活在这里的许多萤火虫，如今也不知道去了哪里。

梁醒财：“我在好几个地方零星看到、采到过萤火虫。但是现在我再去这些地方，已经完全没有了。”

沿着河水继续往下游走，专家们发现越靠近昆明市，就越难发现萤火虫的踪迹。

梁醒财：“在松华坝周围水质还比较好的时候，萤火虫比较多。而逐渐靠近城里以后，萤火虫的数量逐渐就递减了，最后就消失了。”

到底是什么原因导致萤火虫的消失呢？与其他昆虫有所不同的是，萤火虫似乎天生就喜欢水，它们喜欢待在潮湿、有点像泥浆的环境里，因为这里有它们喜爱的食物——淡水螺。

梁醒财：“我认为萤火虫的消失主要就是因为人为环境的变化，特别是人们使用一些化学农药、化学成分高的日常生活用品随着废水或者废弃物排到了环境里。”

是否真的是因为水质的污染，导致了萤火虫的消失呢？梁醒财决定对松花坝上下游水质进行检测，检测的结果让他颇感意外。

梁醒财：“下游的水质比以前要恶劣得多了。像这样的 pH 条件，还有水里面含有的一些有机成分，对萤火虫的生活是不利的。”

一种生活在我国境内的水生萤火虫，在长达十个月的幼虫期里，它几乎都待在水里，与众不同的是，这种萤火虫的幼虫，是用鳃呼吸的，并且以水中的软体动物为生。

梁醒财：“水质受污染以后，萤火虫的食物就短缺了，这肯定是一个很主要的原因。此外，水质变化了，萤火虫本身生理机能不能正常发挥，那它可能就会短命或者会发育不良，它的种群就逐渐地衰退了。”

在调查中，梁醒财还发现从 20 世纪的 90 年代开始，全国各地的农村，为了杀灭农作物害虫，大量施用农药，萤火虫的生存空间迅速被农药扼杀，这是一场悄无声息的灭绝行动。除此之外，人类的另一个行为，同样成了萤火虫消失的罪魁祸首。

梁醒财："第二个原因就是光污染。因为某个地方成为人的聚居区以后，路灯和生活区域里面发出来的灯光，也会对萤火虫的交配产生很大的影响。"

在萤火虫发光器官的细胞内，有一种名叫荧光素的物质。在荧光酶的作用下，荧光素会发生一连串复杂生化反应，而光就是在这个过程中所释放的能量。

梁醒财："萤火虫发光的第一个作用就是信号传递进行交配，另一个作用就是恐吓、警戒别的生物别来吃它。"

发光是萤火虫特有的恋爱语言，它们通过发出不同频率的光来吸引对方。

侯清柏："雄的跟雌的发出的光会不一样，它们会互相吸引，吸引之后它们就互相靠近，然后完成交配。"

然而，一旦有外界光介入，萤火虫就会停止发光。

梁醒财："现在灯光很亮了以后，萤火虫发出的光就完全被覆盖了，被压制住了，它们自己无法识别，所以交配的成功率就会很低。这也是一个非常重要的影响因素，因为如果没有交配，就不可能有后代产生。"

萤火虫虽小，却是一个生命，它们的消失意味着人类的生态环境正在日益恶化。虽然自然界会用自己的法则来抵御人类的野心，但如果连这种喜欢与人相伴的萤火虫都灭绝了，那么人类也将无法摆脱被自然惩罚的命运。

闪光的萤火虫

历史上由于环境的改变而造成物种生活习性改变，或者消失的事情也有。比如人们熟知的大熊猫，原本遍布很多地方，是食肉性的。可是后来环境改变了，为了能够生存下来，它们迫不得已开始吃竹子、竹笋，当然现在偶尔也会吃吃肉。熊猫是生存下来了，但是人们应该想一想，为了适应这个阶段，它必须要有一个很长期的适应过程。可是人类所使用的手段，对生物界的生物来说，速度快得让它们根本来不及去适应新的改变。因此，很多物种开始衰落，比如说像一些标志性的物种迅速消失。在整个生物圈当中，生活在这个链条上的生物，彼此之间，虽然可能不是直接关联，但是通过千丝万缕的联系，大家会串联在一起。一个物种的消失，就一定会为另一个物种遭遇危机埋下一个伏笔，至于这个伏笔会是什么，什么时候爆发，谁也不知道。还是那句老话：关爱地球，珍爱生活当中遇到的每一个生命。

（李瑛）

毒虫的财道

有一种奇特的生物，它有着怪异的身形，出没于阴暗潮湿的角落，因为它生性凶猛好斗且有毒被列为五毒之一。即便体型超过它几倍的老鼠、蟾蜍也不是它的敌手。它们就是令人生畏的红头巨蜈蚣。

谁也不知道雌性蜈蚣为什么会在交配后把雄性蜈蚣咬死，更有甚者发现它们有时还会残食自己的后代。人们对其避之不及，而有些人却对这些长相怪异的动物倍加呵护，是什么让他们对这种恐怖的动物如此着迷呢？

红头巨蜈蚣，顾名思义它的脑袋是红色的，而且个体非常大，现在在野外已经很少能够见到了，更多的时候，人们只是在养殖场中才能见到蜈蚣。那么，养蜈蚣的目的是干什么呢？养蜈蚣的目的，就是为了把它做成中药材，对于治疗风湿病、骨关节病，它们都有着非常好的疗效。包括蜈蚣的毒液，也是很好的药用原材料。

不过，也有不少人曾经养过蜈蚣，但是没有成功，可是偏偏有些人，不但最终养成了蜈蚣，并且还赚了钱。那么，养不好和养好之间的区别到底在哪呢？

初春，是湖北宜都的茶农们开始采春茶的季节。大家兴高采烈，而杨瑞却心不在焉。原本在外打工的杨瑞一心想把家乡的茶叶推广出去，于是辞职回到老家经营茶叶，可是现在他竟然把重要的采茶工作丢在一边，四处搜寻着什么。

蜈蚣紧紧咬住蟾蜍

杨瑞："茶地里有很多长10厘米左右的蜈蚣。"

原来，最近杨瑞家的茶地里来了一群剧毒的猎食者——蜈蚣！起初杨瑞和家人并没有在意，可是一到傍晚，它们就猖狂起来。饿极了的蜈蚣紧紧咬住蟾蜍不放，难道它能制服比自己体型大几倍的动物吗？杨瑞发现它头部有两个超级"化学武器"！

千足虫猎食

杨瑞："它的毒素主要存在两个大颚里面，头部的两个大颚像大钳子一样。"

如果人被蜈蚣咬了以后会怎么样呢？杨瑞准备给自家的茶地来一次大扫荡，清除蜈蚣。没想到意外发生了，他被蜈蚣咬了。

杨瑞："疼痛、肿，那感觉就像医院里打皮试针一样。"

这些毒虫子为什么会不请自来呢？杨瑞四处打听消灭蜈蚣的方法。于是他联系到了中国农业大学的张青文教授，张教授从事着昆虫和生物技术的研究教学工作，他对蜈蚣的毒性非常了解。

张青文（中国农业大学教授）："蜈蚣的毒素比一般的节肢动物个体要多，毒性也强，毒量也更大一些。它在攻击猎物时，用两个像钳子一样的针，里面带有含着毒素的孔，扎进猎物体内，毒素进去以后，猎物基本上会感觉奇疼无比，小的个体马上就昏过去，甚至马上就死了。而它分泌进去的毒素又具有溶解的作用，可以把猎物的组织溶解成液体，它再进行吸食，而不是直接咬食。"

被蜈蚣吸食后的猎物通常在几个小时后就变成了一具空壳。茶地里的小虫子也无一幸免，蜈蚣锁定食物后，迅速出击，用头部的两个钳子咬住对方后注入毒素，等对方麻痹后就开始大吃起来。这些毒虫子的到来似乎没有征得茶地主人的同意。专家认为茶山丰富的食物、阴暗潮湿的环境，是蜈蚣们安家落户的主要原因。杨瑞一心要将这些凶猛的毒虫子赶出茶地，可是专家的一句话让杨瑞眼前一亮。

张青文：“除了蜈蚣的毒素有作用以外，它的壳也都有很好的功效，具有很高的药用价值，可以用来杀菌。”

没想到凶猛的蜈蚣竟然也是宝，它所含的毒素使它成为上好的中药材，对肿瘤、破伤风，甚至蛇毒都有一定的抑制效果。而且经过处理后烹饪的蜈蚣，还是美味佳肴。

看来爬进杨瑞家茶地的毒虫子还真是致富的百足虫，这可不能灭。杨瑞灵机一动，做了一个重大决定，他们要人工养殖这些蜈蚣。

千足虫猎食蟋蟀

蜈蚣表面上看起来很嚣张、很残忍，其实它的胆子特别小，如果把它们放到一起，可能就会因为胆子小而产生攻击心态，尤其是养殖密度过大的时候，蜈蚣就有可能会自相残杀。所以，必须让每一条蜈蚣都找到一个属于自己的安全的区域。

蜈蚣喜欢潮湿、阴冷，不喜欢阳光，所以在养殖的时候可以给它们搭建一些房子，而这些房子是用预制板之类的材料做成，然后在上面挖出一些槽，这样一来，每一条蜈蚣都可以钻到一个属于自己的地盘中。这种办法对于孵卵期间的蜈蚣来说，尤其有用。

杨瑞和家人信心十足，估计这一筐蜈蚣用不了几年就会多子多孙了。他们把茶地的蜈蚣请进了自家的养殖大棚，这野地的毒虫子进了养殖大棚能养活吗？蜈蚣是夜行性动物，白天怕光迅速躲进了窝里。可是夜幕降临后，它们就纷纷出洞，就像商量好了一样，不时出逃！难道它们不喜欢这个新家？

杨瑞：“出逃的现象每天都有，因为蜈蚣有很多脚，而且它的脚掌很有攀爬能力，只要有一点点缝隙，它都能爬出来。”

蜈蚣不愧被称为百足之虫，密密麻麻的脚使它善于攀爬。

让杨瑞感到纳闷的是，这大棚遮挡风雨，蜈蚣们为什么还要疯狂逃跑呢？看着它们为争抢食物大打出手，难道是它们吃不饱才当逃兵的？

被处理后烹饪的蜈蚣是美味佳肴

杨瑞："养殖蜈蚣有一个麻烦的地方，每天出来的时候，都是分批出来的，吃东西也是这样，分批来吃，投放完食物以后，你以为它们都吃饱了，可是另外一批又出来了。食物太少不够吃，蜈蚣们就打架。"

发现这个规律后，杨瑞按蜈蚣的进食习惯采取了少食多餐的喂养办法，结果蜈蚣们果然长势喜人。

转眼间雨季到了，连续半个月的小雨让人心焦。天晴后，池子里的蜈蚣陆陆续续行动变得迟缓起来。杨瑞还没来得及找到原因，紧接着始料未及的事情又发生了！

杨瑞："一下子死了几万条蜈蚣，几乎是全军覆没了。"

造成蜈蚣灭顶之灾的凶手到底是谁呢？杨瑞没有找到原因，蜈蚣们更加反常了。蜈蚣喜欢潮湿但是非常怕水，可是它们身上怎么会有很多水珠呢？杨瑞摸不着头脑。他跟踪追击，发现蜈蚣们竟然想越过大棚里的水渠逃亡。蜈蚣反常的行为提醒了杨瑞。

老鼠也不是千足虫的敌手

杨瑞："那段时间阴雨天气比较多，而且四周都是通风环境，我们刚刚开始搞大棚环境，经验不足，就发生了这种问题。那次是一个深刻的教训，后来我们知道，必须要先把通风、采光的问题解决。"

前几天连续下雨，使蜈蚣们的安乐窝也水漫金山。由于湿度过大，有些蜈蚣得病了，而冒死出逃的蜈蚣又掉进了水渠里。

解决了大棚采光、通风问题后，蜈蚣们马上又恢复了往日的活跃。

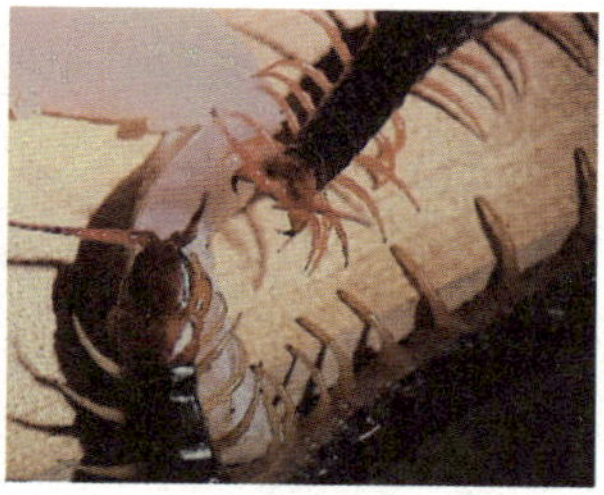

蜈蚣为了鱼肉大打出手

夏天到了，它们相继蜕皮了。红头蜈蚣像盔甲的外衣保护了它，但也限制了它的生长，所以要经过多次蜕皮才能成长。因为这时不需要给蜈蚣喂食，杨瑞安心地出差了。他不知道，在黑暗的角落还有一双黑眼睛对它们窥视已久，它要干什么呢？

蜈蚣蜕皮

杨瑞："出差在外时，接到家里一个电话，说又死了将近1万条的蜈蚣，要么是没头的，要么是没尾的，要么是变成了两截，不知道被什么东西咬死了。"

养殖场里到底发生了什么呢？不速之客趁着夜晚悄然登场了，原来竟是老鼠。很多蜈蚣到了蜕皮的关键时刻，新生的脚和头部的颚软弱无力，失去了往日的威风。看来它们是凶多吉少了。

赶回来的杨瑞马上亡羊补牢，布置好鼠笼。为了防范天敌来袭，杨瑞每晚都要到养殖大棚转一转，可是最近他发现蜈蚣们集体"跳起了舞"，它们乐此不疲的一圈一圈旋转，这让杨瑞心里一惊。

杨瑞："夏天大棚里有蚊子，所以打了灭蚊剂。结果我去观察蜈蚣的时候，发现这些蜈蚣在里面到处打转，到处乱跑，横冲直撞的。"

真的是有人用驱蚊剂或者蚊香导致蜈蚣中毒了吗？蜈蚣中毒后会原地画圈吗？而这一次的情况却完全不同。

蜈蚣跳舞

原来，7 月是蜈蚣恋爱的季节，它们互相寻找、追逐、选择。然后雄性蜈蚣围绕在雌性蜈蚣身旁，展示着自己华丽的外衣。它们开始互相试探缠绕跳起了华尔兹，片刻的安静后它们用独有的语言倾诉，坠入爱河。

交配后的蜈蚣很快就会产卵，杨瑞高兴地盘算着一年的收成。可没想到却碰到一件怪事，他每隔几天就能捡到几条蜈蚣的尸体。怪异的是，死的都是雄性蜈蚣！杨瑞百思不得其解。是老鼠惹的祸还是蜈蚣又生病了呢？如果是这样，为什么死的蜈蚣偏偏都是雄性呢？

张教授："雄性蜈蚣与雌蜈蚣交配完以后，雌蜈蚣就会把雄蜈蚣给吃掉，就像吃别的猎物一样，它会把毒液注射进雄蜈蚣体内，然后把它吸干净。"

雌蜈蚣为什么要吃掉自己的伴侣呢？蜈蚣这种奇怪的行为，让人更加对它心生恐惧。

人工养殖和自然界的蜈蚣不同，如果雄性蜈蚣大量死亡，就会影响第二年蜈蚣交配繁育。

张教授："蜈蚣为什么会有这种习性呢？其实这也是对体内卵发育的一种需求，蜈蚣的营养物质要保证它的卵能够正常地发育孵化，所以只能残忍地吃掉雄蜈蚣。"

自然界红头蜈蚣有着独特的生存法则。雌蜈蚣一旦产卵孕育后代，就要 30 多天不吃不喝，不能猎食，直到卵孵化成小蜈蚣。无奈的它们只能吃掉配偶，体内的动物蛋白是蜈蚣妈妈孕育后代的能量。上亿年来它们坚守这样的生存法则世世代代繁衍生息，张教授认为如果有充足的食物，残食配偶的情况会有所好转。

按照专家的建议，杨瑞给它们喂起了加餐，果然，雄蜈蚣的死亡减少了。

这一年，蜈蚣能否顺利繁殖后代呢？这决定了杨瑞人工繁殖蜈蚣的成败。

不过，让杨瑞最担心的事情还是发生了。有一天，他捡到两三只雌蜈蚣，它们的身体已经僵硬了。解剖发现，出问题的蜈蚣有的还带着卵。看卵的大小，估计这两条雌蜈蚣几天后就要产卵了。杨瑞经过仔细询问才知道，原来工作人员看天气干燥，把喷水器打开了。

受到惊吓的雌蜈蚣常常会因为排不出卵而死掉，看来凶恶的它们也有胆小的时候。蜈蚣生活在野外的丛林、石缝间，很少有人看到它们是如何繁育后代的。每年 7 月左右，每只交配后的成年雌蜈蚣能产出 50 ~ 70 枚卵。

这时候，大棚的蜈蚣终于产卵了，一颗颗卵清晰可见。

蜈蚣产卵

蜈蚣交配

杨瑞："蜈蚣把卵排出体外以后，那些卵大约每五六十个抱成一团，或者呈C形，或者呈L形，盘旋在雌蜈蚣怀里。"

第一次看见蜈蚣产卵杨瑞兴奋极了，没想到这种平时张牙舞爪的毒虫子，做起母亲来竟然如此的温柔。

杨瑞每天兴奋地记录着蜈蚣繁殖的过程。随后的一幕让他惊讶不已，有只雌蜈蚣竟然对着自己的卵张大了嘴，吃了起来。难道它对自己的孩子也不放过？

张教授："蜈蚣是一种很特殊的动物，它对自己的后代保护得很严格，但是受到惊吓，或者在饥饿状态下，它就会把自己的卵吃掉。"

了解到蜈蚣繁殖的特点，杨瑞不再担心了。

一个月过去了，养殖场里的雌蜈蚣为了照顾孩子，竟然没有吃过任何东西。晶莹剔透的卵开始出现了变化，它们长出了头和脚。慢慢地它们离开母亲的巢穴自立门户了。

红头蜈蚣蚕食自己的后代

两年后，养殖场迎来了大丰收，30多万条蜈蚣成年可以出售了。如今杨瑞再看见这多手多脚的蜈蚣，再也不提灭虫的事了。他觉得蜈蚣看似凶猛，但要是掌握了养殖技术，它们就是致富的招财虫。

（于海波）

灭蝗之战

那年夏季的这一天，对于内蒙古二连浩特市的市民来说是一场灾难。这天，暴雨一样的声音从天边传来，然而，让人们感到恐惧的是，从天而降的不是雨，而是密密麻麻的蝗虫，它们落在了人们的身上和城市的街道上。

张泽华(中国农业科学院研究员)：“蝗虫雨是在蝗虫成虫以后，迁飞到城市里形成的一种现象，对草原的危害非常大，我们把它称为无烟的火灾。”

时隔8年，新疆阿勒泰地区的草场上，一场灾难也在悄悄酝酿。人们从裸露的草地上走过，脚下是四处飞溅的蝗虫。它们成群结队、密密麻麻，8年前二连浩特市的那场灾难会在这里重演吗?

徐光青（新疆阿勒泰地区治蝗灭鼠办公室主任）：“蝗虫所过之处，凡是能吃的绿叶、嫩茎都会被啃食光，到最后就剩一根光杆。”

在新疆阿勒泰治蝗灭鼠办公室，紧急会议正在紧锣密鼓进行，一场保卫草原的战争就要打响。

入侵阿勒泰地区的意大利蝗虫特写

中国历史上因为蝗灾损失过许多人命，就在有据可查的文献记载当中，就能够找到619次大的蝗灾。每当蝗灾到来之时，过去的人们没有多少办法，只能求老天爷的保佑，朝廷还要下罪己诏，认为这是老天爷对人类的惩罚。当然，现在大家知道，蝗灾的出现是有一定必然原因的，跟道德等没有关系。

几年前，在新疆的阿勒泰地区就出现了蝗灾即将爆发的征兆。

当时人们走上阿勒泰的这片草场，几乎没有可以落脚之处，蝗虫跳跃的声音也是不绝于耳。

吴乐年（新疆阿勒泰地区哈巴河县治蝗灭鼠办公室主任）：“一般来说，蝗虫只吃草的嫩叶和芯儿，这样一来就会影响草的生长和光合作用。如果蝗虫进到农田里，对农作物来说，可以造成绝产的危害。”

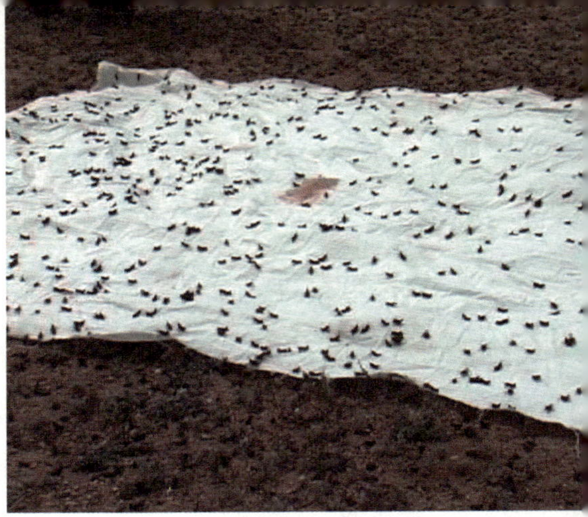
样方测量蝗虫数量

吴乐年用网子搜罗着地里的蝗虫，他们要做一些研究，来确定防治方法。

吴乐年：“将这些蝗虫抓住以后，我们要鉴定它的种类和龄期，另外还要做成标本。这次捕到的蝗虫品种就属于意大利蝗。”

蝗虫是一种繁殖能力非常强的昆虫，它们庞大的数量会让人们不寒而栗。意大利蝗虫，就是新疆阿勒泰地区蝗虫较常见的一个种类。

张泽华：“我国记载的蝗虫种类应该在九百种左右，其中能够形成灾害的大概有五十种，而在这五十种当中，又有二十几种形成的灾害最为严重。”

吴乐年面前的这群意大利蝗虫，有着强大的凝聚力，它们在快速移动，所到之处一番凄惨景象。这么大规模的蝗虫一旦进入农田，后果将更加严重，人们辛辛苦苦种出的庄稼就会被洗劫一空。

化学防治是最直接的方法，新疆阿勒泰地区治蝗灭鼠办公室主任徐光青却不能轻易下达这个命令，因为牧民们的牛羊还在牧场吃草。

徐光青：“实验证明，当每平方米意大利蝗有4只左右时，就可以进行防治。”

他们在草原上铺起了白布，这种用白布铺起来的空间叫作样方。蝗虫从四面八方扑向样方，测试的结果显示，每平方米样方里，蝗虫的数量远远大于防治的标准，如此下去，蝗灾已经近在咫尺。

徐光青：“我们已经调拨农药到位，机械都已经调到各个防治区。”

化学防治是无奈之举。一般情况下，人们利用飞机或者汽车，把化学杀虫剂喷洒到蝗虫聚集地，但是这种方法不仅耗资巨大，而且还后患无穷。因此，徐光青首先要对所有的蝗虫聚集地有所掌握。

越是干旱的气候，蝗虫繁殖速度就越快，植物被它们啃噬之后，土地严重沙化，产生恶性循环。专家们推测，这附近肯定埋伏有蝗虫。果然，几米之外的石头上，就有一个种群，因为当天有风，对它们出行不利，它们似乎在休整。

蝗虫在以一定的速度吞噬着草场，当地牧民饲养的牛羊却浑然不知，还在悠闲地吃着草，或许不久的将来，它们将面临无草可吃的境地。

新疆阿勒泰地区近900万亩草场面临蝗灾威胁，选择什么样的防治方法是治蝗专家们要研究的问题。就在大家一筹莫展之时，救兵来了，它们能让百万亩草场恢复往日的辉煌吗？

空中撒药灭蝗

粉红椋鸟鸟群

面对蝗灾，人们首先想到的方法就是使用杀虫剂。的确，杀虫剂确实能够起到很重要的作用，但问题是，杀虫剂的使用，也会导致草原上原本就相对脆弱的生态系统遭到破坏，蝗虫的一些天敌和其他的一些生物，很有可能就会同样被杀虫剂杀死。就算当时杀不死，以它为食的天敌没了蝗虫，它们又怎么存活呢？

虽然蝗虫大规模爆发是一种灾害，但蝗虫的存在却代表了食物链当中非常重要的一环。我们都知道，中国人有吃蝗虫、吃蚂蚱的习惯，不仅如此，自然界中很多生物也要以它们为食。尤其是对于候鸟来说，蝗虫是它们能够找到的最不费力的、数量最为巨大的蛋白质来源，因此对蝗灾人们必须要采取一种好的方法来控制它。

在阿勒泰地区的草场上，似乎蝗灾即将爆发了，而人们也终于找到了救星。

一群小鸟就在不远处盘旋，原来，是老朋友又来了。徐光青看到这些，做出了一个惊人决定，暂时不用化学防治。

那么，这群小鸟有什么过人的本领，让从事 30 年灭蝗工作的徐光青如此厚爱呢？

当这些小鸟按照徐光青的引导来到草原，它们好像都饿坏了，捕食蝗虫的速度十分迅猛，不一会儿，大量的蝗虫就进了它们的肚子，地里的蝗虫数量明显减少。

这些小鸟有一个好听的名字——粉红椋鸟。

徐光青：“老百姓也叫它铁甲兵。椋鸟是指它不但吃蝗虫，还能把蝗虫啄死。”

这些小鸟似乎刚刚经历过长途旅行，感觉疲惫不堪，羽毛非常凌乱，需要一些时间休养生息，清澈的山泉水有助于它们清理一下自己的容颜，露出漂亮的粉红色羽毛，草原上的蝗虫足够让它们吃得饱饱的，可以很快恢复体力。

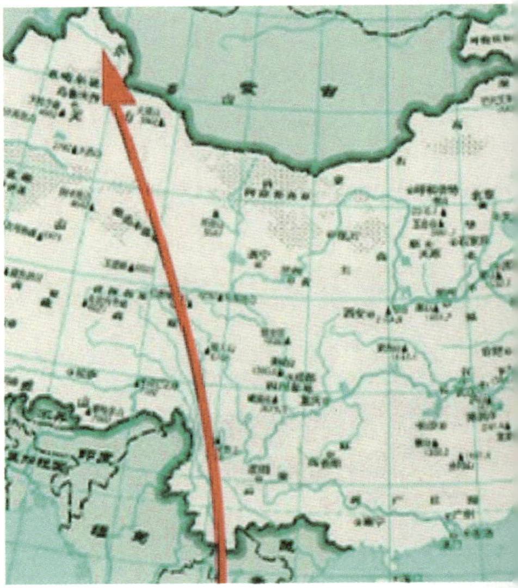
粉红椋鸟迁徙路线

在我国著名的鸟类学专家郑作新院士的著作里有这样的信息：

粉红椋鸟是一种候鸟，每年的五月份，它们会从遥远的东南亚启程，一直向北飞翔，穿越昆仑山，最终抵达天山与阿尔卑斯山的交界处、我国新疆的西北边界。

粉红椋鸟特写

但是，郑作新院士并没有记载粉红椋鸟捕食蝗虫的习性，也没有解释它们为什么千里迢迢飞到北方来，倒是这里的人们经过观察发现，粉红椋鸟千里迢迢飞来新疆主要有两个目的。

徐光青：“一个目的是吃蝗虫，另一个更重要的目的是来这里繁殖小鸟。因为在繁殖小鸟的过程中，需要大量补充营养，而蝗虫则是它最好的食物，也是最有营养的食物。”

怎样让粉红椋鸟为人们所用，让它们听人类的指挥呢？从 20 世纪 80 年代开始，新疆维吾尔自治区就着手招引粉红椋鸟的工作，人们在最容易爆发蝗灾的区域，为粉红椋鸟搭建了各种砖房和石头房，粉红椋鸟会喜欢这些人们给它们建造的家吗？

粉红椋鸟栖息地（一）

粉红椋鸟栖息地（二）

这次，徐光青惊讶地发现，一直没有鸟来居住的一片水泥房子里竟然有了鸟的痕迹。

可是，就在几百千米之外，在人们精心堆砌的石头下还是没有鸟来做窝。

王子涵是中央民族大学的硕士研究生，她已经连续两年住在山里观察这些粉红椋鸟了，掌握了第一手资料，对于它们的习性，她显然已经是个权威的专家了。

王子涵（中央民族大学研究生）：“粉红椋鸟毕竟是一个野生的物种，它们更习惯于自然的巢的形状，如果石头堆砌得过于规则，尤其顶端的石头过于碎小，就不利于粉红椋鸟的进出。相对而言，石巢里面的空间不够大，不够粉

粉红椋鸟集体对抗天敌老鹰

粉红椋鸟的天敌是老鹰

粉红椋鸟的天敌蛇

红椋鸟建巢的面积。”

一般而言，粉红椋鸟把窝搭建在悬崖峭壁的石头缝深处，这样既免受太阳的暴晒和天敌的捕捉，也可以躲避人类的侵扰，来保护它们的幼鸟。人们发现，粉红椋鸟不仅绝顶聪明，而且还有心计，它能想方设法躲避天敌的伤害，因为鸟巢的隐蔽性，即使蜿蜒爬行的蛇也奈何不了它们。凶猛的鹰瞄准了这群粉红椋鸟，但是粉红椋鸟不愿束手就擒，它们利用集体的力量与老鹰抗争，鹰总是不能找到机会。它们在捕食蝗虫时也有独特的本领。

王子涵：“它们采取波浪式的前进方式，跟随在牛群或羊群的后面，因为牛群、羊群往前走时，会惊得蝗虫跳起，这样一来它们就可以看到蝗虫。”

对粉红椋鸟而言，跳动的蝗虫更容易被它们捕捉到，而它们波浪式的取食方式就可以让蝗虫跳动起来，让它们捕食的效率大大增加。

在孵蛋之前，粉红椋鸟吃完蝗虫，还有充足的时间梳理羽毛，更有充足的时间在水边嬉戏。

王子涵：“蝗虫是油性很大的一种动物，粉红椋鸟吃完蝗虫以后，就要去水边洗嘴，然后还可以用水来清理自己身上的羽毛，胸部的、翅膀的羽毛都要清理到。粉红椋鸟很爱干净。”

在记者前去拍摄的几分钟内，就有不少村民前来打探记者的动机，确认不会伤害粉红椋鸟后他们才放心。当地人说，粉红椋鸟是前来帮助他们保护草原的铁甲兵，为了粉红椋鸟，牧民们做出了很多的牺牲。

金巴别克·卡甫（哈巴河县加依勒玛乡塔勒村村主任）：“这里的石头以前是用来砌围墙和垒牛圈的，看到粉红椋鸟过来做窝以后，我们就把这里固定为鸟巢，不让其他人动工了。”

粉红椋鸟鸟群捕食蝗虫

在这里，类似这样盖了一半的房子停工的情况比比皆是，这样一来，当地牧民的损失就会很大。

不过，粉红椋鸟可不管这么多，它们已经在这里安家落户了，牧民们的生活就在它们的视线里。这给了治蝗专家们一些启示，只有按照这样的石头堆砌方式来建造鸟巢，就能招引到粉红椋鸟前来安家。

当各自都找到了伴侣后，粉红椋鸟开始抓紧一切时间建设自己的小家庭。这时候，它们的步伐与平时变得不太一样，嘴里有时叼着草和毛，有时叼着蝗虫，原来它们繁殖后代的工作开始了。

王子涵："粉红椋鸟是以谷物类尤其是高粱这样的作物为食，但是它迁飞到中国境内来繁殖的时候，就改为以蝗虫为食了。"

它们被当地牧民誉为草原铁甲兵，它们从遥远的南方飞来新疆，专门帮助草原消灭蝗虫，但是接下来它们的命运却不够乐观，另外的灾难正悄悄降临在它们身边。

大家都知道，蝗虫泛滥成灾的时候，也就意味着它出现了一种大爆发的状态，其爆发的数量，任何人都无法计算出来。人们总是在采用各种方法，从天上到地上监控蝗灾，可是为什么还是会出现这种大爆发的态势呢？

粉红椋鸟捕食蝗虫特写

究其原因，首先，蝗虫的繁殖能力极强，一只雌蝗每次可以产几十个卵，这些卵在第二年就会变成蝗虫。同时，蝗虫的卵具有一项特殊的本领，就是当第二年年景不好，地上食物较少的时候，它可以一直沉在土里，不出来，等到年景好的时候，再一下子爆发出来。所以当蝗虫成灾的时候，局面是很难控制住的。

面对着这样的对手，粉红椋鸟能不能完成铲除蝗虫的任务呢？

在距离粉红椋鸟栖息的石头巢30千米的地方，哈巴河县治蝗办主任吴乐年在密切观察蝗虫的动向。面对这些被蝗虫啃噬的草场，吴乐年有些痛心，但是他们目前还不能采取化学防治的措施。

粉红椋鸟鸟巢

危害小鸟的蠓虫（一）

粉红椋鸟鸟蛋

危害小鸟的蠓虫（二）

人工杀灭蠓虫

粉红椋鸟成鸟回巢喂幼鸟

吴乐年：“在这个区域我们还是想争取用鸟类控制，如果鸟类控制不住，到后期我们再进行一些扫残防治。”

在这方面，他们曾经有过惨痛的教训。有一年，眼看蝗虫就要进入农田成灾了，他们迫不得已采取了化学防治的方法，但是带来的后果却是间接杀死了粉红椋鸟。

徐光青：“化学防治杀死了蝗虫，粉红椋鸟失去了食物来源，为了生存只好放弃抚养幼鸟，结果很多幼鸟都死了。”

因为这次事件，许多幼鸟因为饥饿爬出了安全的巢穴，成为天敌的猎物，还有很多则活生生饿死在巢穴边。

对于吴乐年他们来说，放与防是一个两难的决定。如果不防，蝗虫一旦羽化，后果将不堪设想。这其中的原因是什么呢？

张泽华："意大利蝗具有长距离迁飞的特性，所以它到了成虫期，一旦迁飞以后，形成的灾害也会比较严重。"

蝗虫从卵里孵化出来以后，要进行蜕皮，每蜕一次皮，人们就把它记为一个龄期，一般经过 5 次蜕皮之后，蝗虫长出翅膀就具有迁飞的本领了，这时候再想控制它就难了。

目前是消灭蝗虫的最佳时间，它们还处于幼虫阶段，没有翅膀不能迁飞。治蝗专家们知道，无论如何也不能让蝗虫飞起来，否则后果不堪设想。

在人工搭建的鸟巢边，鸟儿们似乎比以前忙碌了许多，就连外出清理羽毛、喝水的时间都没有了，王子涵决定去鸟窝看看。

王子涵："那些羽毛比较细的就是小鸟，小鸟开始发育了，现在都能看出来红色的血管，再过一两天应该就会有心跳了。"

不久的将来，这群小鸟就要孵化出来了，它们生长所需要的蝗虫量将会更大。　然而，接下来的一切却是大家没有料到的。就在大家查看鸟蛋的短短几分钟之内，人们的身上，包括鸟巢的石头上，便聚集了大量黑压压的虫子。这些吸血的虫子对孵化出来的小鸟来说将是灭顶之灾。

成年鸟每天大约吃掉 120 只蝗虫，处于哺育期的鸟食量更大，每天要达到 140 只。按照这个标准计算，一对鸟夫妇，加上四只小鸟，每天的食量将近 800 只蝗虫。这个数量实在是太巨大了，从这个角度来说，只要把粉红椋鸟在繁育期间引进来就能够彻底解决蝗虫问题。

然而，让人们没想到的是，另一种生物的出现差点让这个计划落了空。

那么，这究竟是一种什么生物呢？

这些虫子就是蠓虫。

吴乐年："蠓虫危害性很大，尤其对小鸟影响更大，它们的出现将导致小鸟成活率大幅下降。"

蠓属于双翅目蠓科的昆虫，俗称墨蚊、人咬，它种类繁多，全世界已知的有 4 000 多种。在我国仅吸血蠓就有 200 种，它们除叮咬、吸血外，还能传播疾病。刚刚孵化出来的小鸟没有羽毛，遭受蠓虫的叮咬后很容易死亡。这样下去，粉红椋鸟的繁殖率低，就意味着即将成灾的蝗虫会更加猖獗。

粉红椋鸟幼鸟（一）

粉红椋鸟幼鸟（二）

新疆哈巴河县治蝗灭鼠办公室主任吴乐年决定对此进行人为干预。

这天，一个庞然大物停在了鸟巢附近，这是一个什么装置呢？

原来，这是一个太阳能灭蚊器，白天利用太阳光储存电能，晚上依靠灯管发出的光亮吸引蚊虫前来，瞬时的高压就会把蚊虫打晕，葬身布袋。可是，这些生活在荒郊野外的蠓虫会上当吗？

灭蚊器在静静等待蠓虫自投罗网，天色渐渐暗了下来，电击的声音不断传来，蠓虫因为趋光性所致，不断前来送命。

人们为了防止蝗灾的大规模爆发，于是在繁殖季节期间，引入粉红椋鸟这种候鸟作为生物防治的一种好办法，这样一来确实能够解决很大的问题，消灭蝗虫，控制住蝗虫爆发的态势，老百姓也尝到了甜头。但是，使用这种方法也存在一些问题，那就是粉红椋鸟属于候鸟，不会长时间待在同一个地方，一个多月后它们就会迁徙到别处。

20 千米之外，徐光青和吴乐年又发现了一群数量庞大的蝗虫大家族，它们正在向前移动，而几千米之外就是牛羊吃草的大草场。

经过测定，他们推算，这里的蝗虫正以每小时 200 米的速度在前行。

在人工鸟巢边上，鸟儿们更忙碌了。这段时间，它们嘴里叼着的不是草和毛，而是大批蝗虫。从这一现象来看，应该是幼鸟们孵化出来了。

巢穴内，一只幼鸟正从壳里往外爬，它全身发红，血管和一些器官通过薄薄的皮肤都能看得见。

听到声音，这些出生不久的粉红椋鸟们张大了嘴巴。看来它们是饿极了，正等待着父母的哺育。

哺育幼鸟需要大量蝗虫，这让粉红椋鸟父母们更加忙碌，蝗虫被消灭的速度也在加快。

幼鸟们躲在窝里，这算是最安全的地带了。现在，它们至少已经出生一周以上，身上覆盖着灰色的羽毛，看起来不如父母长得漂亮。它们的未来还充满着变数，鸟巢外的上空，鹰在寻找着机会。

然而，在几十千米之外的布尔津县，人们已经不能等待了，他们要采取化学防治的方法，因为这里的蝗虫马上就要羽化，一旦错过将会失去灭蝗的最佳时机。人们只能靠自己的经验，反复摸索，在这些海拔超过 1 200 米的地段，徐光青他们并没有找到粉红椋鸟的影子，化学防治的效果也并不明显。

徐光青：“对于意大利蝗，我们一直以来都有些琢磨不透，因为好多化学防治区第二年又变成发生区了。”

吴乐年：“这是一个蝗虫的卵囊壳，一个卵囊壳可以产 18 到 20 个虫卵，一只蝗虫一年可以产 2 到 3 个卵囊壳。”

这样算下来，一只蝗虫一年至少可以产 40 个以上的虫卵。它首先把卵囊壳插到土里，然后把虫卵产到卵囊壳里面，这样卵囊壳就被一种特殊物质封上了。当春天温度和湿度达到它需要的水平时，它就开始孵化。如果环境不适合，这些虫卵就会滞后孵化。

对于这些埋在地下的蝗虫卵，喷洒农药是奈何不了它们的，一旦等到合适的条件，它们还是要破壳而出，危害植物。

这时候，一群不速之客的到来，打破了粉红椋鸟的生活。

原来，鸭子也是生物灭蝗的一种尝试。放养鸭子是很容易的事，它们总是一群群集体行动。鸭子的食量很大，这对蝗虫肆虐的草原来说可是件好事。可是，问题也接踵而至，由于鸭子喜好水，在缺水的新疆，养大批鸭子来消灭蝗虫，难度很高。

鸭子灭蝗

养鸡灭蝗（一）

徐光青："所以这种方式只适合有水的地方，比如说河谷草场这一带有水，像这样的蝗区，适合鸭子来进行控制。"

发现鸭子对自己并无敌意，小鸟儿们不再惊慌失措，它们乐于跟这些新朋友分享食物。在追逐的过程中，粉红椋鸟的幼鸟学会了自己捕捉虫子，学会了飞翔，学会了与伙伴们相处。再过几天，它们就要启程了，它们将靠自己的力量飞越万里河山去迁徙。

粉红椋鸟灭蝗的使命就要结束，可是在海拔超过 1 200 米的草场上依然有成灾的蝗虫，如果不采用化学防治方法，谁来担负消灭蝗虫的任务保卫草场呢？

这时候，鸡也来凑热闹了。不过，它们的组织纪律性可比鸭子差远了。

这些鸡的主人就是哈萨克族小伙子阿尼瓦尔，他是治蝗办的工作人员。阿尼瓦尔养吃蝗虫的鸡已经不是第一年了，他的经验相当丰富，现在他正试图用自己的方法管理这些没有组织纪律性的小家伙们。

从小鸡们出生没多久，他就与它们朝夕相处。不过，在这些鸡小的时候，可不是吃蝗虫的，而是吃一些专门为它们配制的饲料。

阿尼瓦尔·波克乃（饲养员）："阿勒泰地区的气候比较特殊，昼夜温差大，这些吃蝗虫的鸡如果不圈养一段时间的话，可能就会全部死亡。"

为什么会造成这种局面呢？他们分析，山上海拔高、温差大，小鸡的抗病能力特别低，于是他们选择了适应性强的当地麻鸡，这种鸡不仅抗病，而且在市场上特别受欢迎。今年他们决定，不让小鸡冒险去捉蝗虫了，而是训练它们，等鸡生长到一定阶段，抗病能力强了再去让它们参与消灭蝗虫。

可是，要让鸡听人的调遣那是一件很困难的事，阿尼瓦尔他们能成功吗？

哨子是他们的工具，每到小鸡需要喂食、饮水的时候就吹哨。一开始，对于这个奇怪的声响，小鸡们有些木然，不过没过多久，它们就开始接受这个命令。

阿尼瓦尔的办法确实不错，利用条件反射的原理，通过吹哨来控制这些鸡的行为，这一点在他看来是绝对有必要的，为什么呢？因为这些鸡无组织性无纪律性，一旦把它们全撒出去，如果对环境不熟悉走丢的话，要么活不下去，要么成为狐狸、老鹰的口中食，到那个时候真的就是得不偿失了。

况且在阿勒泰等地区，环境相对复杂，对于这些鸡来说，本来它们就属于家禽，野外生存能力差，原本是期望它们吃蝗虫的，弄得不好到最后一只鸡都找不回来。

很快，小鸡们已经长到 200 克了，这个时期的它们不仅抗病能力强，食量也开始增加，它们当中的一部分已经不再满足饲料，开始尝试捉蝗虫了。对于个体较大的蝗虫，有些小家伙还是有些犹豫。蝗虫被它叨晕了，不能动弹，可是它们似乎对死的蝗 虫并不太感兴趣。

经过如此训练之后，饲养员们决定让它们离开棚圈走上草场了。

第一次牧鸡地点选择在距离棚圈 1 000 米的地方，那里的蝗虫正在吞噬

产卵的蝗虫

着草场。一大早，当地治蝗办就派人协助阿尼瓦尔把鸡装入笼中，它们能适应 1 000 米外的野外生活吗?

为了节省体力，它们要乘坐拖拉机到达目的地。

对于人们分配给它们的任务，这些小家伙们似乎还有些不明白。这些过惯了饭来张口生活的家伙们一开始感觉无所事事，它们不知道，这些草里竟然还有好吃的。

可是，一些曾经尝过蝗虫味道的小鸡们却早已按捺不住了。

不久，这些小家伙们就渐渐有了感觉，发现草里竟然藏有美味。

很多动物都有保护色，蝗虫也不例外，如果在草地上不动，它们跟周围环境的颜色几乎相同，人们很难把它们找出来。可是，这些聪明的小鸡找到了窍门，通过前面的鸡走动惊起蝗虫，然后把它们消灭掉。

品尝到蝗虫的味道，令小鸡们异常兴奋。可是面对所有的跳动，最初它们是不会区别的，甚至将草丛里的小蜥蜴当作蝗虫吃进了肚子里。

当然，它们当中也有一些不劳而获的，不过，总体看来第一次的放养还算顺利。到了休息的时候，饲养员们开始给小鸡们喂水喝。

曲胡拉·祖哈布力（新疆阿勒泰地区青河县治蝗灭鼠办公室主任）："我们的经验是，把鸡放出来吃蝗虫的时候，多给它们喂一点儿水，这样鸡就不会生病。"

面对眼前的这些美味，鹰在盘旋着寻找下手的机会，由于饲养员在现场，小鸡们总是很幸运。可是另外的危险马上就来了，没过多久，太阳就开始直射，温度继续升高，有些鸡开始大口喘气，这是一个不好的征兆。

现在阿勒泰地区治蝗办已经准备了 20 余万只鸡，想跟蝗虫打一场硬仗，但是在没有真正实施之前，这一切还只是计划。因为这些鸡出后才生长了 20 多天，到了野外之后能不能生存下来就是一个很大的问题，比如它们不得不面对狐狸、老鹰等天敌，如果下雨，它们能不能扛过去。所以第一次正式放牧的时候，就遭遇了很多麻烦事。

炎热高温对这些鸡是一个挑战，工作人员决定就地临时搭棚子解决问题。

在众人的帮助下，一个遮阳棚很快搭建完毕，工作人员想办法把这些贪吃的家伙引进棚里。

可是接下来的一切却是饲养员们所没有料到的。山上气候多变，刚才还是艳阳高照，瞬间却下起了大雨，临时搭建的棚子存在安全隐患，如果这么小的鸡淋了雨，它们是躲不过死亡厄运的。

徐光青："下雨之后小鸡容易扎堆，扎堆就会导致一个压一个，结果把下面的鸡压死了。"

无奈之下，大家决定迅速把鸡赶回 1 000 米外的棚圈。可没有想到的是，尝到蝗虫美味的这些小家伙们竟然乱了手脚。以前所有的训练，在众多蝗虫面前全成了泡影。

所有的现场人员齐上阵，小鸡们对这样的架势可没有准备，草原上出现这样混乱的局面，实在让人哭笑不得。不过最终这群小家伙还是在饮水器的诱惑下，安全进了巢。这让饲养员们松了一口气。

波克乃："对于小鸡们来说，蝗虫的味道太美了。不过今天这只是个小插曲，我相信，明天放它们出来就会表现很好。"

按照今天放养的情况，他们算了一笔账，他们发现，一只鸡消灭蝗虫的数量是惊人的。

徐光青："鸡吃蝗虫的日食量，一天在 200 只左右，按这个速度计算，在一个防治期内，也就是 60 天左右，一只鸡能控制 7 亩地的蝗虫。"

果然，没过几天这块草场就已经得到了控制，蝗虫的数量在下降，这些消灭蝗虫的家伙们在奔跑中身手也变得比较敏捷。不久，它们就要转场去别的草场了。

第一次放牧给了大家启示，尽管这些小鸡们要不停转场去消灭蝗虫，但是搭建相对固定的帐篷是野外牧鸡必要的一步，这样不仅可以让它们躲避天敌，还可以让鸡有个固定的休息场所，节省体力，减少疾病。

在不断摸索中，人们开始大规模养鸡灭蝗了，有的牧民除了放牧牛羊之外，开始尝试牧鸡了，在蝗虫的哺育下，他们的鸡总是长得特别快，这让当地治蝗

养鸡灭蝗（二）

专家们也松了一口气。

李德洲（新疆阿勒泰地区富蕴县治蝗灭鼠办公室主任）：“用鸡来控制蝗虫效果非常好，几乎是头一天将它们放在地里，第二天这一片的蝗虫几乎就被吃光了。”

这些吃蝗虫的家伙们在躲避天敌的游戏中，也变得更强壮。再过 20 天，第一批鸡就要上市了。

波克乃：“我们养的鸡比普通的鸡一只能多卖 30 元钱。”

在粉红椋鸟和鸡、鸭的大规模进攻下，新疆阿勒泰近 900 万亩遭受蝗虫侵害的草场得到了保护。7 月 15 日以后，地里的蝗虫已经完全得到了控制，饲养员阿尼瓦尔接下来的主要任务，就是把他们今年养鸡的经验传授给牧民，牧民们的收入也会因此有所增加。

现在，粉红椋鸟们也已经排着整齐的队伍飞向南方，阿勒泰地区粉红椋鸟的数量在逐年增加，这让治蝗的专家们看到了生物治蝗的成果。明年，蝗虫还会如约而至，粉红椋鸟和它的伙伴们还会再来吗？

利用粉红椋鸟和牧鸡牧鸭的方法来控制蝗虫的数量，其实，这只是目前众多的生物防治方法中的一类。在我国其他地区，比如内蒙古、甘肃等地，人们还会采取一些类似真菌、病毒的方法来控制蝗虫的数量。

不管怎么说，只要人类的活动还在继续，蝗虫也就一定会存在，人们只能把它控制在一个相对不易爆发的数量范围之内就可以了。要想将蝗虫完全消灭，第一是不可能的，第二这对生态环境来说也是一个巨大的破坏，尤其是对于现在生态环境已经变得很恶劣的草原草场来说，如何进行好保护和充分利用，将是一个重大的问题。

（宋英慧）

灭蚊奇招

一个夏日的夜晚，猪圈里传来的一阵异常响动惊起了一个人。

这个人就是施金驰。十几年前，家住在浙江温岭的施金驰来到亲戚开的养猪场帮忙照料。这天晚上，他正在睡觉，忽然听见猪圈里传出一种非常可怕的声音。那种声音听起来，明显就是猪受到了惊扰。

这下施金驰睡不着了。他想，猪平时就是吃了睡睡了吃，很安静的样子，今天这些猪怎么了？是遭遇豹子了，还是有人来偷？于是，他赶紧起来去猪圈看一看。

没想到这一看，从此改变了他的人生。

就在那个闷热的夜晚，守在养猪场里的施金驰听到猪圈里的骚动前去观察，可是探头看了半天，却没发现什么闯入者。绕进猪圈里边仔细观察时，他发现猪的身上到处都是伤痕，在一块块血迹旁，是一片片大大小小的疙瘩，这是怎么回事呢？

施金驰："刚开始我以为猪生病了，身上全是一个个的小红点。"

查看猪栏

这些猪到底生了什么病呢？它们皮肤上的一块块血迹看上去像是被什么东西吸过血。这时候，细心的施金驰发现，猪圈里到处飞舞着蚊子，莫非就是它们？

但有两点怀疑让施金驰不敢贸下定论。第一，人的皮肤能被蚊子叮咬，可猪皮那么厚实，上面还覆盖着坚硬的猪毛，

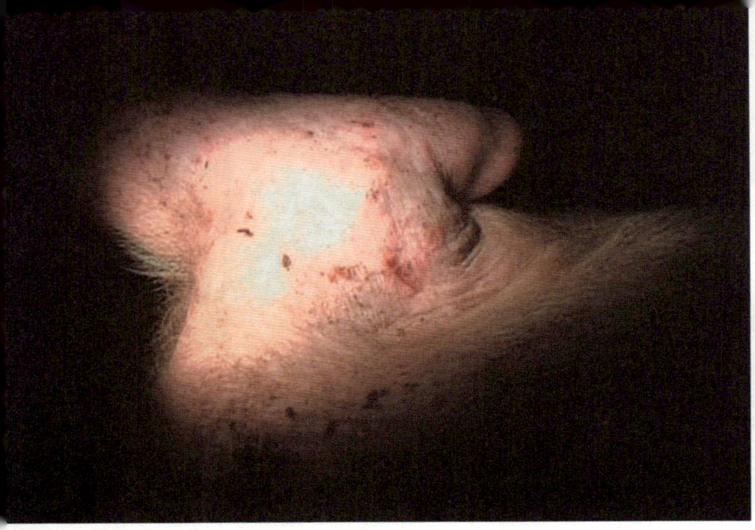

猪身上出现不明红点

成群的蚊子叮咬猪

正在叮咬猪

蚊子能通过这么多道防线叮咬到它们吗？第二，蚊子叮咬通常只是出现一个一个的疙瘩，怎么会有这么多密密麻麻的红点呢？于是，施金驰藏在猪圈里等到半夜，等猪都被折磨得筋疲力尽又趴下睡着后，他看到吸血鬼们真的出动了。

养猪场里的一幕让施金驰吃惊不已，原来蚊子这东西竟然会排列成阵地叮咬牲畜！趁着猪在熟睡，蚊子三下两下就能钻入猪毛之下。在猪毛稀疏的地方，它们更是成群结队地把吸血的长针扎进猪皮。

人被蚊子叮咬时还能用手拍打，可是猪凭借它的小尾巴，完全对付不了这些暗夜里的吸血鬼。面对这样的情形，有什么办法能帮助猪呢？

当地人对付蚊子的传统招数就是火攻法，用烟熏。点起一些稻草，烟雾立刻弥漫开来，在这样的环境里人都睁不开眼睛，蚊子也很快就被熏跑了。

施金驰：“烟熏法倒是挺管用，可就是持续时间太短了，而且这种方法只能暂时赶跑蚊子，烟散了以后它又会回来。”

既然烟熏不管用，第二天施金驰又买来蚊香。这可是专门对付蚊子的东西，点上蚊香，人一般都不会被咬了，有蚊香在，那些猪们该平安了吧？

施金驰：“这个方法也不管用，因为猪棚是敞开的，蚊香点起来以后，气味就会散出去，对蚊子根本没有影响，所以蚊香点着蚊子照样还是会咬猪。”

为提高气味浓度，蚊香越点越多，可不知为什么，它们对蚊子却越来越不起作用了，蚊子怎么会不怕蚊香呢？

赵国富（台州科技职业学院现代农业系副主任）：“蚊子对蚊香的抗药性产生得比较快，比如我们刚开始用蚊香，一般点一次蚊香可能蚊子就会死掉，

用多种办法驱蚊

但是蚊子很快会产生抗药性，以后逐渐的蚊香的作用就不那么明显了。”

养猪场的特殊环境，让蚊子可以在这里肆虐，每到闷热潮湿的天气，蚊子越积越多。施金驰到别的养猪户去打听才知道，原来受困扰的不止他们一家，每个养猪的地方都被蚊子搞得痛苦不堪。

村民 1：“从外边飞进猪圈里很多蚊子，都叮在猪身上。”

村民 2：“蚊子咬得很厉害，我们都很心疼。大猪被蚊子叮了以后容易生病，就要推迟出栏一到两个月。”

真是不养猪不知道养猪的艰难，看似每天生活无忧无虑的肥猪原来也有这么多磨难。

夜间本来是猪长膘的最好时机，可是眼看着蚊子在猪圈里逞凶，养的猪不长膘、晚出栏，对收入影响很大，养猪户对此却又无计可施，难道人类对付不了这猪圈里的蚊子吗？

施金驰：“我的亲戚做别的生意去了，他们请我帮忙照看养猪场，所以遇上这件事很头痛。”

自从到养猪场帮忙后，人们发现施金驰变了，出门做生意没几天就突然返回来，每天躲在一个租来的仓库角落里摆弄电焊。眼看着家里没了收入，他既不出去打工也不在家务农，晚上连家都不回。施金驰到底怎么了？家人都对他不理解了。

施金驰的妻子：“那时候我以为他夜里跟别人下海去了，在海里养虾，养螃蟹。”

施金驰的女儿：“爸爸变得很懒，晚上不睡觉，早上又不起床，我妈妈叫他起来都不起来。”

每天晚上施金驰不睡觉干什么呢？等夜深人静家人离开以后，他就躲在黑暗的地方，整晚都专注地盯着自己的腿，他是在想办法让蚊子来咬自己。说来也怪，蚊子好像都非常听他话，让来就来，说咬就咬，这是怎么回事呢？

不仅如此，在挨咬之前，每到天快黑的时候施金驰还会准时出门，提着盏灯走村串户找养猪的人家商量，希望在人家的猪圈里待上半宿，这又是怎么回事呢？

施金驰："那时候别人给我起了一个外号叫鬼灯，意思是说晚上拎着一盏像鬼灯一样，蓝幽幽的灯在外面来回晃悠。晚上不睡觉，大白天睡，当时外人议论也挺多的。"

到底发生了什么事情让施金驰变了？难道跟养猪场那一夜的经历有关？

没错，还真是因为他始终忘不了那些黑暗中穷凶极恶的蚊子。离开养猪场后，已经转行去做其他生意的施金驰，无意中发现了一件东西，促成了他后来的这些变化。

那么，他发现了什么呢？

施金驰："有一次我出差的时候，偶然中发现了灭蚊灯，当时我一看就觉得这个东西会管用。"

灭蚊灯让施金驰眼前一亮，既然能用灯杀灭蚊子，那养猪场的蚊子不就有克星了吗？施金驰想都没想就买来了几个，回到家乡立刻拿到养猪场去验证。

施金驰："开始还挺管用的，蚊子一飞进来就被灭蚊灯烧死了。"

吸血后的蚊子

蚊子受灯光吸引，飞向灯管的时候被电网电死，这个方法效果不错。施金驰正在庆幸找到了灭蚊方法时，却发现灭蚊灯对付猪圈里成堆的蚊子还是不灵！

施金驰："由于蚊子太多，烧死后煳在电网上，最后把电网给封住了。"

灭蚊灯的原理其实很简单，就是靠一圈一圈的金属线连接在一起，每一条金属线之间的距离很短。这些金属线按照一根接零线，一根接火线的方式排列，两条线没挨在一起的时候没事，当蚊子往上一趴，在瞬间将零线和火线接通，于是，"啪"的一声打出火花，立刻就把蚊子打死了。

这种灭蚊灯放在家里，或者放在饭馆里，都挺好使，可是放在养猪场却不行了。为什么呢？因为养猪场是在外面，放上这一盏灯，一开始就像放炮仗似的，噼里啪啦就把蚊子全给电死了。但是过了一会，灯的外面就裹了一层蚊子的尸体，再飞进来的蚊子就可以踩着“前辈”的尸体继续前行了。因此，灭蚊灯在养猪场里基本上是起不到什么作用的。

被电到的蚊子

这一点施金驰也察觉到了，他想：“我一定要把这个东西改造一下，让任何一只蚊子都逃不过去。”

捕蚊灯捕到的蚊子

改造灭蚊灯，原来施金驰觉得照猫画虎，不应该有什么困难，可是没想到刚开了个头，一个小问题就把他难住了：他后来从市场上买来的灭蚊灯灯管全都不吸引蚊子！这是为什么呢？他把灯管放到装满蚊子的鱼缸里做试验，发现只有些小虫子会飞过来，蚊子却理都不理。

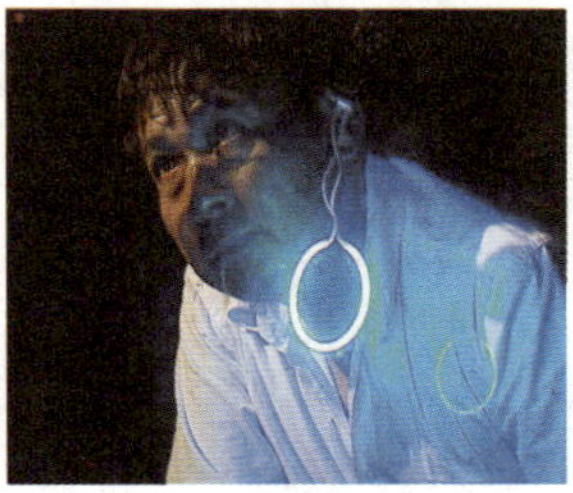

测试紫外光

赵国富（台州科技职业学院现代农业系副主任）：“不同的昆虫喜好的波长也各不相同，吸引蚊子的主要是短光波，就是人类肉眼看不到的一种紫外光，它们的趋性比较强。”

自然界里有各种不同长度的光波，人类肉眼能看到的光波只是其中赤橙黄绿青蓝紫这一小部分，而在这些可见光之外，还有一些光线是肉眼看不到的，比如紫外光。而这种光线蚊子却能看到，而且很容易被吸引。

施金驰每晚躲在仓库里摆弄研究的就是能吸引蚊子的灯光。因为买到的灯管不合乎要求，他就自己动手做，他希望通过调整电压，让里边充满特殊气体的灯管能发出蚊子喜欢的光线来。但是电路虽然已经调整好，施金驰却没有专用的设备，他怎么能辨别出哪种灯管发出了紫外光呢？

施金驰：“后来我发现一个窍门，就是能把人民币上的荧光涂层照出来的那种波长的光，特别吸引蚊子。”

人民币上用于防伪的荧光涂层，在紫外光的照射下能激发出一种肉眼可见的光。施金驰巧妙利用这个原理，找到了紫外光。接下来就要对灭蚊灯进行改造了。要想让它在蚊子成堆的环境里不被煳死，又该怎么改呢？

施金驰："我当时考虑能不能用电风扇扇叶旋转产生的吸力，将灭蚊灯上面电死的蚊子尸体给吸下来。"

加个风扇，把电网电死的蚊子吸下来，这样电网就不会被堵住了。这个办法简单易行，看来对付成堆的蚊子其实也不难，但是真用到养猪场里能行吗？

施金驰："试过以后觉得还是不行，因为蚊子被电死后黏在电网里面，电风扇根本吸不下来。"

蚊子被电死后，尸体牢牢黏在金属丝上，远比施金驰想象的要牢固。无奈之下，施金驰只好不断加大电风扇的风力，没想到此举却让他有了一个意外的发现！

施金驰："这种方法虽然没能把黏在电网上的蚊子尸体吸下来，却把外面的活的蚊子直接给吹进去了。这样，活的蚊子飞进来就被吹进去，我观察了一下，决定干脆把上面的电网拿掉的，不用将蚊子电死，直接抓活的就行了。"

这倒是个意外的收获，原来的电刑改成了活捉！施金驰干脆撤掉电网丝，把蚊子关进这样的牢笼，只要几天它们就会被风干致死了。这样对付成堆的蚊子效果不错，施金驰认为自己已经成功了。很久不挣钱养家的施金驰，急于用这项发明开始创业，可是刚卖出去几只灯就出问题了。

施金驰："开始我生产出第一批风扇灭蚊灯，大约有三千台。结果卖出去三个月返修了四次，有的甚至一个星期没到就坏了。我去客户那里一看，发现风扇里面整个被蚊子堵牢了，蚊子尸体打得像豆腐渣一样，里面血红血红的，蚊子尸体黏在风扇上，把风扇整个给黏死了。"

三千台风扇灭蚊灯用尽了他所有的积蓄，此外还借了不少钱，本以为很快就能卖出去赚回本钱，但现在风扇不转了，之前的一切努力都成了泡影，家里连生活开支都成了问题。

施金驰的妻子："那个时候家里经济很艰难，到处跟别人借钱来买菜。最困难的时候，我跟家里的叔叔婶婶说，今天没钱买菜了，他们就给我十元、二十元应应急。”

此时的施金驰沉浸在失败的挣扎中，只要扇叶转动，让它不绞杀蚊子几乎是不可能的。眼看走进了死胡同，这条路还能走下去吗？怎么才能让风扇不被煳死呢？

施金驰：“后来，我找到朋友一起想办法，有个朋友跟我说，你能不能利用类似于吸尘器的原理来制作灭蚊灯呢？”

大家都知道，吸尘器上有一条从外边吸进来的管道，管道末端有一个膜，或者是一张网。这张网能起到一个什么作用呢？就是防止吸进机器里的灰尘、动物毛发等，将风机毁坏了，有了这张网，既能把这些灰尘、毛发吸附在一起，又能防止它们进入到风机当中。所以说，吸尘器的这张网作用是非常重要的。

但是，施金驰一开始走了一个与此正好相反的道路，他的方法等于是将这张网放到了后面，时间长了以后，机器里面的叶片、压缩机等，就全都被蚊子尸体堵死了，根本无法运作。

经过朋友的提醒，施金驰将自制灭蚊灯进行了一番调整，这样一来，原来的问题就解决了。不过，在解决了这个问题之后，老施又有了新想法。不过这个新想法要怎样才能得以实施呢，那就得舍身喂蚊。

从此以后，施金驰开始每天晚上拿自己喂蚊子。只要他把裤腿一卷起来，蚊子就会自己来了，这是怎么回事呢？施金驰以身喂蚊，又是想到了一个怎样的灭蚊方法呢？

这些年施金驰一直在研究对付成堆蚊子的办法，他总结的灭蚊招数不外乎两个：“威逼”和“利诱”。当时在养猪场帮忙时他所用的烟熏和蚊香那是“威逼”，是想把蚊子杀死。在这些招数都不灵以后，他才开始研究“利诱”。除了灯光，还有什么办法能把更多的蚊子引诱来呢？

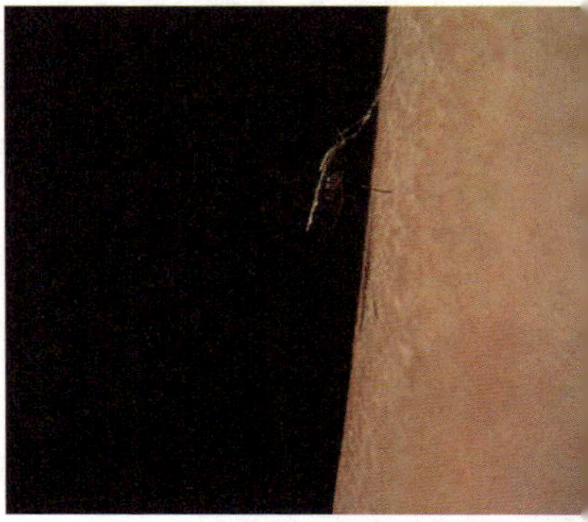

蚊子能够叮人，也能叮猪

赵国富：“吸引蚊子的方法有两种，一种是靠灯光进行吸引，另外一种是靠人体散发出来的气味去吸引

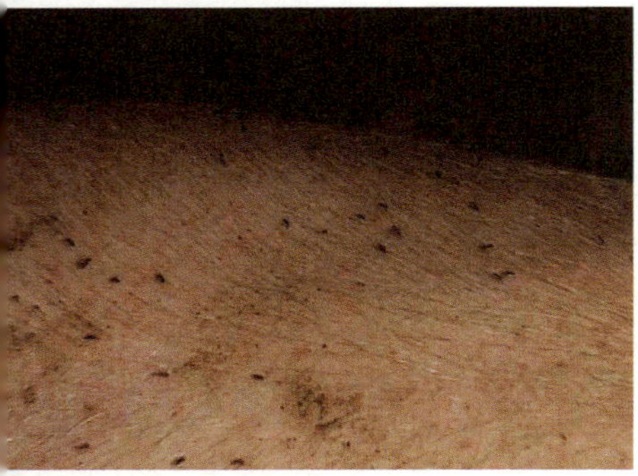

落在猪身上的蚊子

蚊子。”

那么，施金驰能招引蚊子来腿上叮咬，难道是他能发出什么特殊的人体气味？其实不然。真正的奥妙在于，每天晚上蹲猪棚时施金驰观察到了能“利诱”蚊子的另一种气味。

施金驰：“我发现蚊子在猪棚里最喜欢正在哺乳的猪，还有就是血腥味儿，有这两种气味的地方，蚊子就特别多。”

原来，施金驰用于“利诱”的气味不是从他自己身上发出的，而是他在自己腿上抹上了一种很灵验的东西。那么，这种灵验的东西是什么呢？

施金驰：“这种东西是用牛奶、羊奶，还有一些性诱剂，以及自己掺进去的一些物质。这些物质不是随便乱掺的，而是通过查阅资料，做对比，最后才确定下来的。”

施金驰把能想到的各种东西都收集来，每天抹几种在自己的腿上做试验，最后终于找到了这个灵验的配方。看着蚊子都来叮咬自己，吸着自己的血，施金驰反而非常高兴，因为这证明了蚊子对自己调制的香料感兴趣。

他把自己研制的诱蚊香料放进灭蚊灯里，于是，就形成了他这几年来研究“利诱”手段的总和了。在光线和气味形成的两种“利诱”之下，蚊子个个都像被施了魔法一样，源源不断地被吸进灭蚊灯里。

那么，这样的灭蚊灯到底能吸引多少蚊子呢？

施金驰做了一个测试，他将四盏自制灭蚊灯在猪棚里挂了三天之后，从灯里倒出密密麻麻的一堆蚊子，拿出去一称，总共是 400 多克，也就是将近一斤的分量。

可别小看这 400 多克的分量，因为蚊子的重量很小，每一克有 1 300 多只蚊子，这样算下来，四盏灯三天一共捉了 50 多万只蚊子。

在施金驰的养猪场里，一共悬挂了 25 盏自制的灭蚊灯，从此以后，施家的养猪场里的猪再也不怕蚊子的侵扰了。

（李苏）

牛肚子里的“宝贝”

四川电视台新闻频道曾经播放过一段天价牛黄的报道。报道中说，阿坝州松潘县有一个叫马华东的人，自称手里有一块天然牛黄，重量竟然接近2 000克。这个消息成了轰动一时的新闻。

冯娜娜（记者）：“那东西呈黄色，并且颜色深浅不一，大约30厘米长、20厘米宽。”

冯娜娜眼前这个巴掌大小的黄色物体，有些松软，有的地方表皮已经发干开裂，外面是土黄色，里面的颜色有些发暗，并且，有多处表皮已经开始翘起来。如果说这是天然牛黄，确实让人将信将疑。

在人们的印象中牛黄应该是比较硬的，而这个摸起来软软的东西，究竟是不是天然牛黄呢？它又是从何而来的呢？

记者辗转来到了阿坝州松潘县马华东的家。在马华东的家里，记者看到了这个被称为天然牛黄的东西。

马华东：“现在已经干了，新鲜的时候有3斤多重。”

为了看清楚牛黄的样子，记者把牛黄拿到了室外。此时的牛黄，跟之前电视报道的相比，已经明显小了许多，不仅严重缩水干燥，颜色也由黄色变成了灰黑色，上面明显还夹杂着一些白色的絮状物。

记者：“上面这个白色絮状物是什么东西？”

马华东：“这个是餐巾纸。”

牛黄特写（一）

记者亲自查看“天然牛黄”

马华东父亲：“这个东西对人很有好处，每次只需要零点一二毫克就能够治病，它确实是宝贝。黄金有价药无价，越大的牛黄就越是宝贝，是不容易遇到的。”

牛黄是一种传统的名贵中药材，具有清热解毒、定惊开窍安神等功能。一直以来，因为天然牛黄非常难得，所以价格非常昂贵。

老一辈人都知道牛黄具有很高的药用价值，更把它视为灵丹妙药。因此，自从家里有了这个宝贝，全家人都视如珍宝。那么马华东家里的这个大牛黄是怎么得来的呢？

马华东和弟弟沙滨从小就生活在阿坝州的松潘县。因为松潘县地处四川西北角，这里生活着大量的羌族、藏族和回族等少数民族，因此，人们吃得最多的就是牦牛肉。每天上午，这些刚宰杀出来的新鲜牦牛肉都会被一扫而空。所以马华东和弟弟在这里做起了牦牛的买卖。

马华东：“到草原去收购牦牛，然后送回市场上宰杀。平时我们隔三岔五就去草原上买牛，拉回来后都是请人帮着宰杀。”

一天，天还没亮，马华东和伙计们就开始准备宰牛了。

马华东弟弟：“当天宰了四五头牛，别的牛都长得比较肥一点，唯独这头牛偏瘦一点。”

因为年底是他们最忙的时候，几乎每天，他们都要忙活整整一个上午。师傅们一边说笑一边不停忙碌着，对于这项工作，他们早已经驾轻就熟。当他们宰到最后一头牛的时候，天已经大亮了，然而，就在此时，牛肚子里的一个大东西引起了马华东的

放养的牦牛

注意。

马华东："有人说这是牛黄，当时我自己还拿不定主意，因为这个东西太大了，从来没见过这么大的牛黄。不过旁边有懂行的人说，从表面一层就能看出来这是牛黄，从形状上来看也是。我当时听了特别激动。"

马华东赶紧把这个宝贝割了下来，并用刀慢慢将其划开。一个黄色的硬块立刻露了出来。

当地群众："那个东西很大，呈黄褐色，大概有三斤多。就是我们这里宰牛的老手也从没有见过这么大的牛黄。"

宰牛宰出了个大牛黄。这无疑是个意外的惊喜，对马华东来说这可是天大的好消息。马华东高兴，周围的人也感到惊奇。

群众1："看到那个大牛黄，当时大家都觉得很稀奇，这实在是百年不遇的大牛黄。"

群众2："这件事当时在我们宰牛的人当中引起了轰动，大家都觉得挺惊讶的，从来没有见过那么大的东西。"

群众3："这么大的牛黄一定很值钱，宝贝一样。"

马华东兄弟俩宰出了大牛黄，这个消息在市场里很快便传开了。听到大家的这些议论，马家兄弟心中暗自惊喜。得知牛黄能卖大价钱，他们决定抓住这个千载难逢的机会。

兄弟俩没事就上网看有没有专门收购牛黄的地方，他们还经常到药店去询问价格。为了给牛黄找个好买家，也让更多的人知道这个巨大牛黄的消息，他们还专门去了一趟成都，并接受了当地媒体的采访。

可是，事情并不像他们想的那么容易。接下来的两个月中没有一个人愿意出高价收购。家里有了宝贝却迟迟卖不出去，这让他们非常心急。眼看着牛黄一天天变小，他们心里也开始纳闷，难道这不是天然牛黄吗？

牛黄本身是牛体内的一种结石，因此它长的位置就特别重要了，比如牛得的是肾结石那就不算是牛黄，必须是长在胆囊这个部位的结石，才能被称为牛黄。大家可以想象一下，牛的胆能有多大呢？其实就算牛的体积非常大，它的胆比人的也大不了多少，这也就决定了牛黄天生就不可能特别大。可是偏偏这一块牛黄几乎大到超出了人们的想象，所以大家看到它的第一个反应就是，它是真的牛黄吗？要辨别真假，就得请相关的研究者来帮忙。

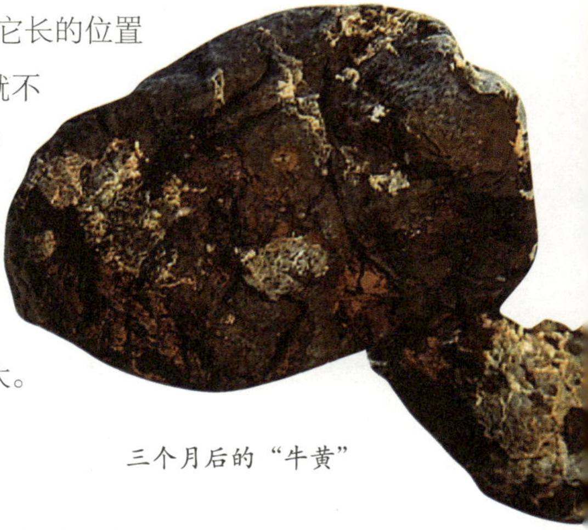

三个月后的“牛黄”

成都中医药大学的黎跃成教授为了此事专门来到了松潘县。当亲眼见到这块大牛黄时，他也感觉到非常惊奇。

黎跃成（成都中医药大学教授）：“这么大的牛黄是非常罕见的，我们以前调查了解过很多地方，到标本室很多标本馆也参观过，此前看到的牛黄普遍跟鸡蛋大小差不多。”

由于过去了三个多月，这个大宝贝已经开裂，完全没有了之前的模样。外面被一层黑色的外皮包裹着，看上去感觉硬硬的，整体形状很不规则。可里面的质地却非常疏松，呈颗粒状，好像一块块粘上去的，表面还有一层亮晶晶的东西。

随后，黎老师对它进行了测量，尽管已经完全缩小变形，但是经过测量，它的直径仍然有 10 多厘米，长度为 13 厘米，缩水后重量为 245 克。

据马华东说，最初从胆囊里取出来的时候，他们马上用卫生纸把外面的水吸干，称了一下，是 1 900 多克。

根据牛黄形成的位置不同，牛黄一般分为管黄、蛋黄等。天然牛黄一般是指黄牛在胆囊里的结石。因为身体胆囊部位有炎症，胆汁中的各种成分在有炎症的地方不断沉积，日积月累，经过层层包裹，慢慢就形成了牛黄。

一般所指的牛黄都是黄牛产生的，而牦牛体内的结石，就应该被称为牦牛黄。

牛黄特写 2

这个从牦牛肚子里取出来的东西，是不是天然牦牛黄呢？黎老师经过细致观察，有了自己的见解。

这个牛黄的断面层纹就像人们平时吃的千层饼一样，层次分明，有薄有厚，是不均匀的一个同心环，并且还是一层一层的薄片包上去的。要辨别它是不是牛黄，尝味道很重要，如果没有苦味，那就不是在胆囊里形成的东西。

因为胆汁长时间的不断沉淀，牛黄经常会出现一层层的结构，结石的表面应该是一层一层的。这一特征与马家兄弟的牛黄非常符合，并且因为缩水内部还有一些白色的结晶。经过仔细查看之后，黎教授取了一点儿放到嘴里品尝。

地道牛黄的味道是，苦味要有回甜，苦中带甘。黎教授尝了之后，发现它的味道与牛黄是一致的，并且性状相符，另外还有一个重要的指标就是，它的颜色也是金黄色的。

无论是形状层纹还是味道，都与天然牛黄比较吻合。然而，黎跃成还是对它产生了怀疑。

黎教授：“从外面的乌金衣来看，我感觉它不是纯黑，而是有一点呈灰黑色，这一点和正常牛黄的乌黑色不同，这是一个差别点。第二个差别点是，我感觉它的气不是清香味，第三点是它的体积过大，我以前看到的牛黄没有这么大的个头。”

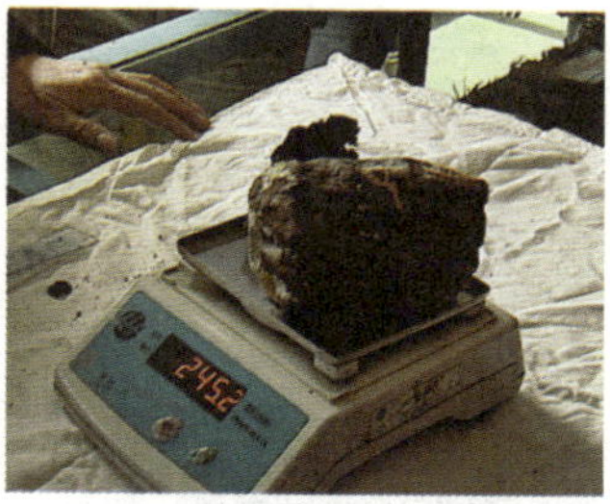

缩水后的牛黄仍有 245 克

真正的牛黄是胆汁形成的，它会在外面形成一层乌黑的外皮。可是这个牦牛黄却似乎没有那么黑，气味也不对，大小也和常见的牛黄相差悬殊。

黎教授：“这个样品我仔细看过了，不过要带去实验室做下一步的研究，看它是不是有胆红素、胆酸，还要用正品的牦牛黄来做对比鉴定，才能辨别它是不是牦牛黄。”

专家亲自鉴定“大牛黄”

随后，黎教授在牛黄内部和外部的不同部位

分别取了样品，做好密封和标记，准备带回实验室做进一步的分析和检测。

由于市场对牛黄的需求量过大，所以人类根据对天然牛黄的研究，制作出了人工牛黄，不过天然牛黄的价格要比人工牛黄要高得多，所以市场上以假乱真的假牛黄也特别多。而到底是真是假，很难通过肉眼来辨别，所以需要请药学研究人员通过实验来进行考证。

回到成都后，黎教授找到了成都中医药大学药学院的卢先明教授。卢教授是专门从事医药方面研究工作的，对牛黄的鉴别经验非常丰富。

卢先明（成都中医药大学教授）：“牛黄和其他的结石不一样，它最大的特点是重量较轻。其他动物结石，比如名贵中药里的马宝、狗宝等结石质地比较重，唯独牛黄这类结石，是在胆囊内形成的，因而体积比较轻。初步来看，这个东西符合牛黄的这一类重要特点，它是比较轻的。”

经过对现场情况的询问和品尝，卢教授初步判断，它符合天然牛黄的特点。之后卢教授又取了一小块弄湿后涂抹在指甲上，做了个简单的挂甲实验。

用少许清水将牛黄融化，然后染在指甲上，如果指甲上的颜色久久不能褪去，称为挂甲。

实验的结果表明指甲果然被明显染黄了。随后，他们进行取样，将样品溶解后检测里面具体的成分。由于牛黄是牛胆囊中的一些物质不断沉淀后形成的结石，因此，牛黄的成分和胆汁的成分非常相似。

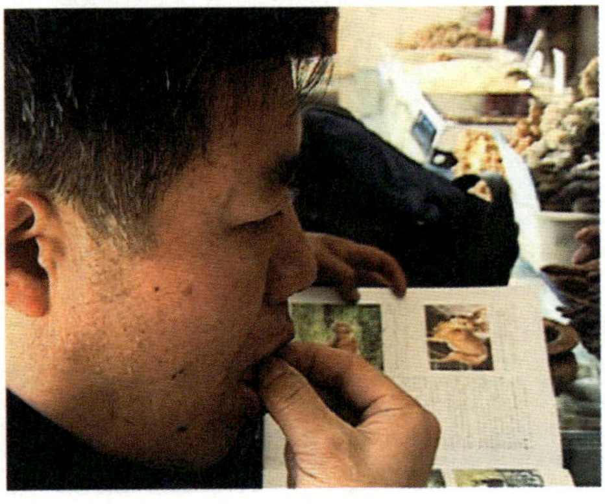

专家取了一小块牛黄亲自尝了尝

佘锐萍（中国农业大学教授）：“胆汁里面的主要成分，一个是胆红素，此外还有一些胆汁酸盐和胆固醇类的物质，实际上牛黄的主要成分也是这些。”

胆红素实际上是红细胞的代谢产物。动物身体需要的营养是依靠血液中的红细胞传送的，当红细胞老化之后，会在一些特殊酶的作用下与蛋白

放大镜下的牛黄

质结合形成胆红素。正常情况下，胆红素会随着胆汁一起排放到肠道中。可是，当胆囊部位出现炎症之后，胆红素就会和其他成分一起沉淀下来。

专家："从治疗用药的角度来说，胆红素的药用价值还是很高的。它在人体内入药以后具有镇静、抗惊厥的作用，还有造血功能。"

实际上，牛黄的药用价值主要也是通过胆红素体现出来的。

胆汁酸盐的主要功能是助消化，人类食用的脂肪类的物质主要是依赖于胆汁酸盐的消化作用。

那么，这个巴掌大小的宝贝，真的是天然牦牛黄吗？检测的结果究竟怎样呢？

经过鉴定，样品里面确实含有非常高的胆红素和胆酸。随后，专家又按照标准将里面所含的成分与真正的牦牛黄具体的成分做了细致的比对，结果也都非常吻合。

性状鉴定这些特点符合，最后做的胆红素胆溶素等成分分析又进一步说明，牛黄应该具备的成分它也都具备。

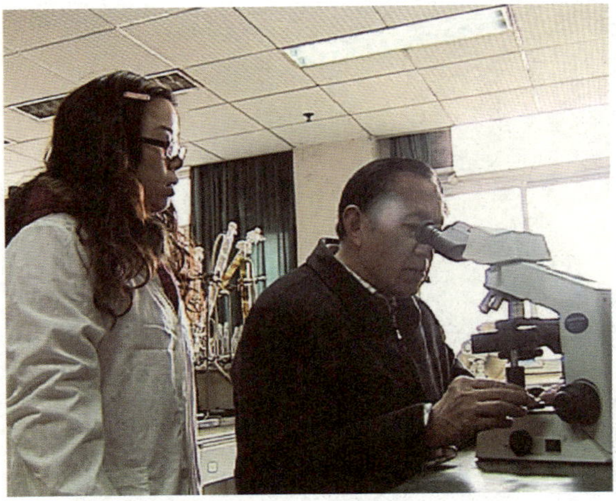

专家在为牛黄样本做分析

经过最终鉴定，马家兄弟所得到的这个黄色物体就是牦牛的胆囊里形成的天然牦牛黄。

可是，一般的牛黄通常只有几十克，甚至几克，为什么单单这头牦牛会有这么大的结石呢？他们回想起了当时收购牦牛的情景。

马华东弟弟：“那头牦牛看起来就像病了一样，不是那么精神，起初我们嫌它瘦，还不想买它，但是因为必须要一群牛一起买，这才把它买回来了。”

没想到当时不想收的一头不起眼的瘦牦牛，却产出了天然牦牛黄这个巨大的宝贝！

而之所以会形成 1 900 克的天然牦牛黄，很可能是因为那头牦牛生病的时间很长，因为长得太瘦，所以一直没有人购买，于是它胆囊内的结石也越长越大，日积月累才慢慢形成了这个巨大的牦牛黄。

如今，这个天然的牦牛黄被放在当地药店的展柜里，希望它能够发挥更大的价值。

虽然经过之前的检测发现，这个牛黄里含有的胆红素含量确实是很高，甚至高过了一般意义上的牛黄，但是它能不能够入药呢？

专家们找到了一份地方性的标准，这是 1996 年甘肃省颁布的中药材的标准，而在国家药典中，却没有查到相关的资料。所以，这个问题还有待进一步的考证。不过，能够从牦牛体内发现一个如此巨大而且含有极高含量胆红素的天然结石，的确也算得上是天下奇闻了。

（李慧）

四色荧光猪

最近人们经常会开玩笑说这样一句话："现在'二师兄'了不得，这身价飞涨啊！"

这"二师兄"是谁呢？就是猪！

最近猪肉价格涨得厉害，都快接近牛羊肉的价格，当然，这也是很多因素造成的。猪肉在中国人的日常饮食中，的确是非常重要的。不过下面要说的猪，却不是用来吃的，要是拿来吃啊，那就太可惜了。

在中国科学院广州生物医药与健康研究院的实验猪场里，有一种会发出四种颜色光的荧光猪。可是记者在现场看到的竟然只是一头很普通的长白猪，看上去和别的猪并没有什么不同。难道它就是会发出四种荧光的转基因克隆猪？

赖良学："转基因克隆涉及两项技术，一项是克隆技术，另一项是转基因技术，把这两项技术结合在一起，才能产出转基因克隆猪。"

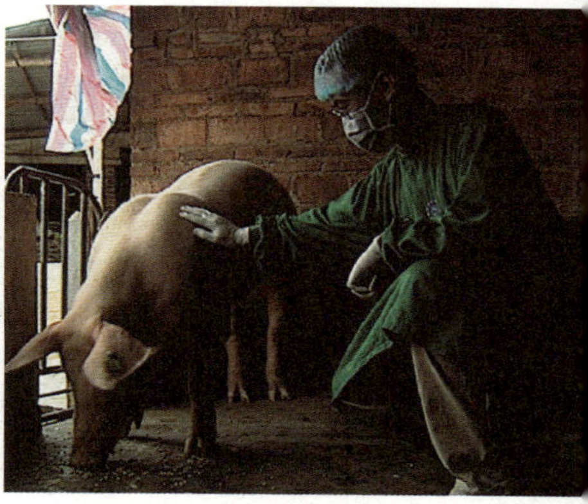

四色荧光猪

那么，转基因克隆猪与普通猪有什么不同呢？当工作人员把猪赶到一个小黑屋里，在特定波长的激发光的照射下，奇异的现象发生了。虽然光只能照射到猪身体的一小部分，但是透过不同的滤光镜，人们可以看到，荧光猪分别发出红、黄、绿、青四种颜色的荧光。

赖良学："这个四色荧光转基因有什么用途呢？

我们最初的目的是想进行一种新的技术探索，看能不能放多个基因进去。”

这种四色荧光转基因克隆猪，是赖良学博士带领的研究小组通过3年的时间研究的成果。当初他们基于什么原因，要培育出这样的四色荧光转基因克隆猪呢？原来，赖博士1998年到美国密苏里大学时，就是从事克隆猪方面的研究。

赖良学：“当时做克隆猪的目的，就是想做异种器官移植，也就是把猪的器官移植到人身上。我们知道，人的器官来源非常有限，如果能把猪的器官移到人的身体上，就解决了人类器官的来源，就能挽救更多的生命。”

1997年2月，英国罗斯林研究所维尔穆特博士科研组公布，体细胞克隆羊“多利”培育成功。通过人工操作，实现动物单性繁殖的过程称为“克隆”，这门生物技术，也就是我们通常所说的无性繁殖。

关于克隆的设想，中国明代的大作家吴承恩在《西游记》中，已有精彩的描述，孙悟空经常在紧要关头，拔一把猴毛，变出一大群猴子。这当然是神话故事，但用今天的科学理论来讲，就是孙悟空能迅速将自己身体的一部分克隆成自己。从理论上讲，猴子的毛发根部，有毛囊细胞，利用这些毛囊细胞，就可以进行克隆。但是事实上，现在的生物技术还不能达到如此先进的地步。克隆的动物，需要经过正常的孕育过程，出生长大，不可能在瞬间出现很多成熟体的动物。

赖良学：“第一个需要攻克的是猪的克隆技术。经过两年多的时间，我们在这个方面取得了突破。后来我们就运用这项技术对猪进行基因打靶，把猪的一种基因多糖敲掉，这样一来，猪器官就能移植到人身上，取得了一个重大的突破。”

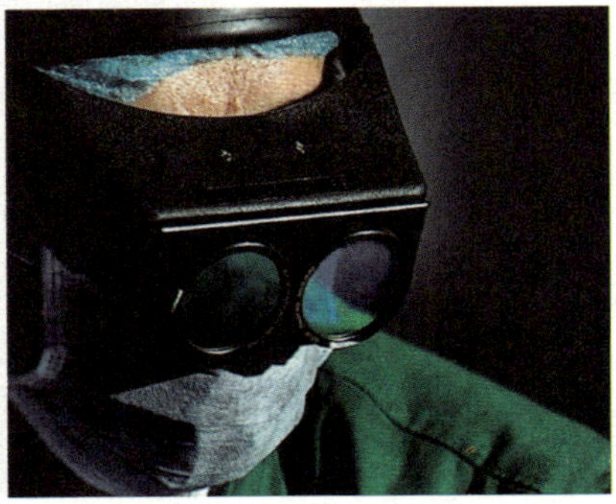

科研人员透过滤光镜观察荧光猪

科学家将去除掉半乳糖的转基因克隆猪的器官，移植到狒狒身上，由原来只能成活几分钟到几个小时，逐渐提高到半年，这对猪器官将来移植到人身上，提供了更多的可能性。当这个成果在《科学》杂志上发表以后，引起了较大反响。在第一只转基因克隆猪取得突破以后，赖博士又用这个技术培育出一系列的转基因克隆猪，例如 2006 年培育出的带有鱼油成分的转基因克隆猪。

现在，大家对于转基因技术应该也都比较熟悉了。所谓转基因，就是把一种生物原本不具备的某些特性，从其他的地方取出一些基因，植入到它的基因序列当中，让它在成长的过程中，这种基因得以表达，于是，这种生物就具备了原先不具备的一些特征。这种生物，我们将它称作转基因生物。从某种程度上讲，不是人类制造了一个新的物种，而是改变了这个物种。

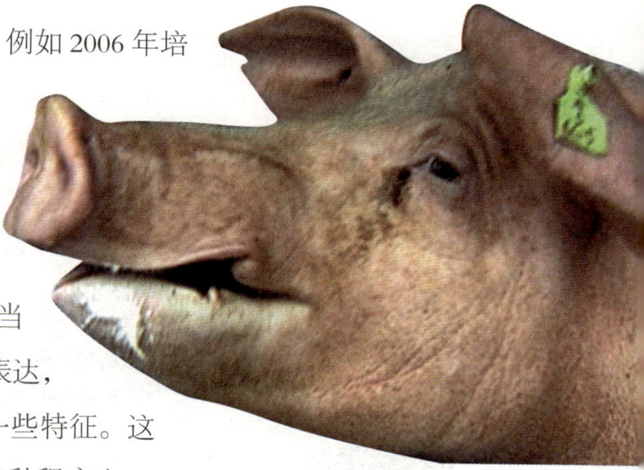

四色荧光猪特写

虽然通过杂交，我们也能获得一些改良基因的生物体，例如狮虎兽、金鱼等，但是这种杂交改良的过程十分漫长。转基因技术不但加快了这一过程，同时还可以将其他原本不能杂交的物种的优良性状基因引入，使得选择的范围更广。这种通过转基因克隆技术获得的转基因猪，在生物医学方面，具有十分重要的应用价值。它们可以用于创建人类疾病实验模型，可以作为医用器官移植的供体，还可以制作生物反应器，生产一些贵重的药用蛋白。

怀揣着梦想和热情，赖学良博士回国，来到了中国科学院广州生物医药与健康研究院。在这里，他建立了转基因克隆猪的研究小组，主要从事创建人类疾病实验动物模型的研究。

对于实验动物，我们最熟悉的应该是老鼠，例如有一种脑缺血的病例模型的小白鼠，它所模拟的就是人类的中风患者，它几乎无法控制自己身体右侧的行动，所以只能朝一边转，在平衡木上，它也没有办法像正常老鼠那样行动。

李晓江：“我们的工作主要致力于神经退行性疾病的研究，其中最主要的一个研究方式就是，利用动物模型来研究这种疾病的病理机制，以至到最后药物的鉴定，找到药物诊断的治疗方式。国内现在主要做的，还是用很多小动物模型，比如像小鼠，这是最常用的。”

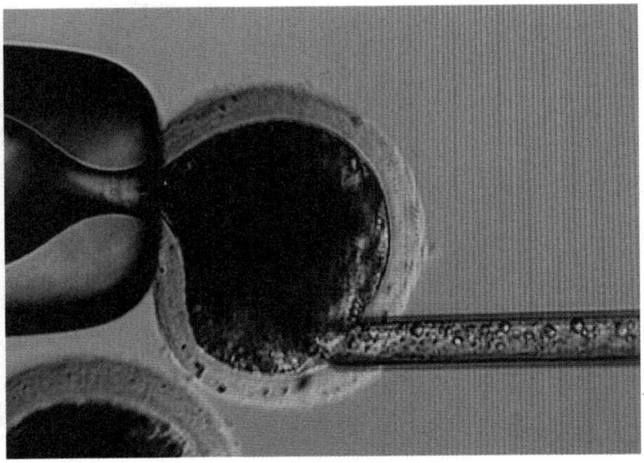

去除细胞核特写

但是用老鼠这样的小型动物做人类疾病的实验模型，除了生理结构和体型上有很大的差距外，最大的问题还在于，它不能完全模拟患者的病理变化。比如在所有亨廷顿舞蹈症的小鼠动物模型里，就没有看到神经细胞明显的死亡现象。

李晓江："因为动物种属之间的差别很大，小鼠跟人的差别，要比猪跟人的差别大得多，那么它的生理反应，包括对药物的反应，与人也有着巨大的差别。此外，一些病变的特征，小鼠与人类也有很多不同之处，这也说明了，做药物筛选要选择一种比较好的动物模型，是至关重要的。"

亨廷顿舞蹈症，是一种遗传性神经退化疾病，通常在人类 30 到 40 岁才会出现症状。发病时，身体出现不自主动作，所以也叫作舞蹈症，病情会持续发展 15 年到 20 年，并最终导致患者死亡，这种病的遗传概率为 50%。

研究小组的成员与李晓江博士合作，采用转基因克隆技术培育出了带有亨廷顿舞蹈症致病基因的克隆猪。

李晓江："我们把这种舞蹈症转基因猪的模型建立起来，在它的舞蹈症转基因模型中的确发现有神经细胞的死亡，这跟小鼠的模型是不一样的。这就是说用大动物模型去制备具有很多的优越性，它可以更真实准确地模拟出病人的症状，这对于以后筛选药物也是非常有用的。"

随后研究小组很快又培育出带有肌肉萎缩侧索硬化症的实验猪模型，这种病也叫作渐冻人病。在平时，渐冻人病模型猪跟正常猪的差别看上去并不明显，但在跑步机上，我们可以很明显地看到，健康的猪和渐冻人病模型猪在运动上的差别巨大。

李晓江："很多疾病的发展不会是单基因的，有些比较复杂的病变是多基因的，如果能把几种不同基因都给表达出来，就说明制备动物模型的空间更开阔、更广大了，所以从这个意义来讲，多基因表达的转基因模式是很有用的。"

像舞蹈病只需要植入一个致病基因，就可以制作出动物实验模型，但像老年痴呆这样的病症，就需要三个致病基因同时转入，才能制作出实验动物模型。

而同时植入多个基因的转基因克隆技术，一直是困扰大家的难题。

杨东山："在做克隆技术时，一轮一般都比较顺利，大约需要半年时间，如果要做好多轮的转基因，就需要好几年才能做到植入多个基因在同一个动物体内。"

现在，赖博士和他的研究小组又有了新的课题，他们决定尝试一次植入四个转基因，但是怎么样才能知道四种基因都同时被植入动物的体内，并且在动物的体内这四种基因各自的表达又如何呢？

杨东山："于是我们就想到，用四种荧光蛋白作为一个标记，看能否通过一次克隆同时转入多个基因。这些荧光蛋白其实就是作为一个标记，当小猪生出来以后，看到荧光，就知道相对应的转基因是不是成功了。"

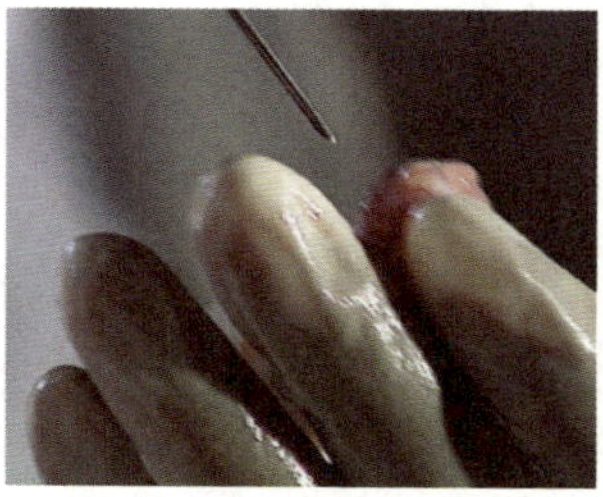

挑选卵母细胞

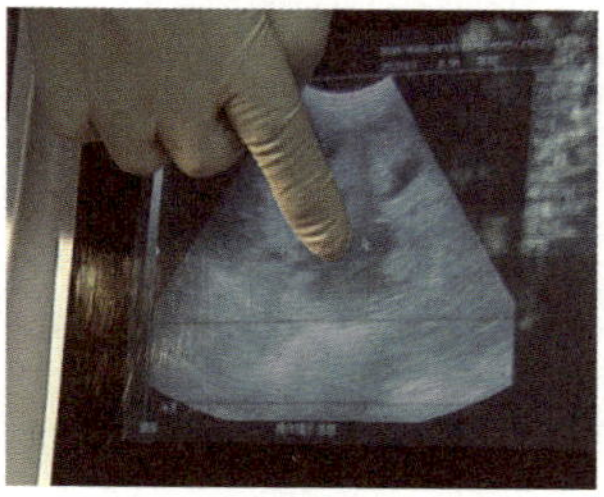

B超检查代孕母猪怀孕

所谓荧光蛋白，其实就是在一种水母体内找到的蛋白，它本身具有发光的特性，只要外界有刺激光，对它进行修饰、改造之后，它就能立刻发出相应的光。而且，不同的刺激光对它进行照射之后，它会发出不同颜色的光线来。同时，对于猪而言，这种蛋白又是无毒性的，也就是说将它注入生物体内后，不会对生物体本身产生任何的影响，同时还可以拿它作为一个标记，来给研究进行参考定位。因此，发明这项技术的科学家在 2008 年得到了诺贝尔奖。

确定了红色、黄色、绿色和青色四种荧光蛋白

剖腹产六只四色荧光猪宝宝中存活的两只（实验失败）

基因之后，作为植入基因，研究人员通过电击的方式，让它们进入细胞内，成为供体细胞。

杨东山："我们最初是把这四种荧光基因混合起来，一起去通过电穿孔往细胞里转，在这种情况下，每一个分子进去都是随机的，所以我们就需要在体外进行筛选，并让筛出的那四个分子同时进入一个细胞来做克隆。"

有了带有植入基因的供体细胞，研究人员又从猪卵巢透明的小泡泡里吸出卵母细胞，经过 42 小时的培养后，挑选出圆润健康的卵母细胞，再在显微镜下去除掉猪卵母细胞的细胞核。因为细胞核非常小，在显微镜下很不容易看清，但是它一般和极体在一起，所以只要把极体连带其周围一小部分一起吸出，就可以去除掉原来的细胞核，再植入带有四种荧光蛋白的转基因供体细胞。

杨东山："由于细胞是由细胞核的遗传物质来决定的，专业称作克隆胚胎，这个胚胎的发育完全受转基因细胞的细胞核来控制。我们把这个胚胎移入代孕母猪体内以后，胚胎发育成一个个体，最后生出来的小猪，就是一个来自转基因细胞的克隆动物。"

由于条件有限，目前他们还只能临时借用合作单位的西藏小型猪来做代孕。3 月，6 只四色荧光猪宝宝终于出生了，可惜的是，其中 4 只一出生就死了，剩下的两只小猪，大家更加精心地照料。剖宫产后，猪妈妈没有一点奶水，只能用奶瓶一点一点地喂，小猪的体质很弱，赖博士只好把小猪拿到办公室里，他和大家一起日夜轮流地照看。

杨东山："当时小猪生出来的时候我们都很激动，那时候一切都还进行得比较顺利，但是没想到出生不久，就有 4 只小猪陆续死掉，这对我们的打击很大。当时甚至怀疑，是不是国内条件不适合做这个实验，但是我们最终没有放弃，努力查找各种原因，看看到底在哪些方面出现了问题。"

由于是转基因克隆猪，体质相对就比较弱一些，再加上剖宫产，没有吃到母猪的奶水，所以小猪的抵抗力就更差了。小猪的死亡，固然让大家很受打击，而检测过后的结果，更让他们失望。

邓为："猪是克隆出来了，但是它的四种荧光的表达效果不好，也就是在同一种组织里面，不同的四种荧光蛋白的表达水平不一致。此外，同一种荧光蛋白在不同的组织里面，它表达的差别也很大，所以我们觉得这个效果不是太理想。"

四种转基因荧光蛋白在动物体内高水平的协同表达，是这个多基因转移技术的关键，这也是大家现在感到最棘手的问题。这时候，邓为无意间看到日本东京大学在《自然》杂志上发表了一篇介绍体细胞诱导重新编程的文章，其中也涉及四个外源基因，他们采用 2A 短肽来诱导体细胞重新编程，这个方法，能同样适用于转基因克隆吗？

邓为："最初我们是照搬这项技术，也就是说将这项技术完全移植过来，把四个荧光基因用 2A 肽直接进行串联，像串珠子一样串在一起，放在一个表达载体上面，但是后来我们发现，在细胞水平上这种效果也不是太好。"

在赖博士的鼓励下，邓为并没有放弃，只要一有时间，她就到实验室研究解决的办法。工夫不负有心人，邓为终于找到了简单又有效的解决方案。

邓为："以前用的四个串在一起的方法，它的效率大约只有 7.5%，后来改成两两串在一起，然后分成两个独立的，放在一个表达载体上面，这样一来效率就提高了，在细胞水平可以达到 54.3%。我们用这个进行细胞克隆，然后交给杨博士。"

这一次，他们选择了体型更健壮的大白猪作为代孕妈妈。研究人员小心翼翼地把胚胎从运输管中放到显微镜下的培养皿中，再将胚胎吸入移植管，然后将胚胎送入母猪

顺产培育成功的四色荧光猪宝宝

的输卵管。

20 多天后，通过 B 超检查，大家很高兴地看到，这些母猪都顺利地怀孕了，但是中途会不会流产，小猪出生后荧光表达如何，这些未知因素，还是让大家放心不下。

11 只可爱的四色荧光猪，通过自然分娩顺利出生了。

赖良学："我们发现有七头克隆猪表达都非常均匀，并且表达水平都很高，这就意味着我们成功了。我们用 2A 序列来连接多基因方法，将来会成为转基因大动物的，不光是猪，甚至可能是牛、羊以及其他动物，都可以采用的一种方法，这样就可以大大促进未来多基因转移的研究。"

如今一年多过去了，这些带有四种荧光蛋白基因的转基因克隆小猪都健康地成长着，如今都已经长成了 200 多斤的大家伙，并准备开始繁育下一代了。

看到这里，可能读者会问，这些四色荧光猪到底有什么意义呢？专家告诉我们，对于人类疾病的研究来说，它具有非常重要的意义。比如一个人得了多种疾病，这并不是由单个基因来表达完成的，有可能是多个基因。这种情况之下，如果利用以往的技术，人们很难在动物体上实现模型实验的想法。而有了这项技术之后，就可以对老年痴呆症等多个基因来决定疾病，将它的多个基因植入到动物的体内，让这只动物体成为一个很好的研究模板。

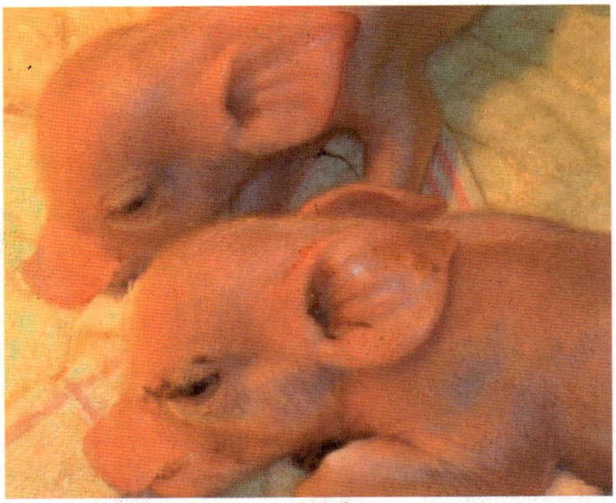

顺产培育成功的四色荧光猪宝宝特写

不过说到底，这些克隆动物对我们而言，绝对不是创造出的一个新物种，而只是进行了基因改造而已。

（张英华）

小猪探路者

看到这群可爱的小猪，也许您会觉得这只是养殖场中的一个平常景象，其实在这群看似普通的猪宝宝背后，却藏着一个关乎生物医学、器官移植和生命研究发展的大秘密。

这群小猪，不是平时用来吃的猪，而是用于生命科学以及医学研究的猪。谈到实验动物，大家首先想到的会是小白鼠、大白鼠、裸鼠、荷兰猪等。不过，它们是啮齿类动物，体型也非常小，因此在对它们进行研究的时候，必须要按照比例缩小后才能进行计算。首先这会很麻烦，其次还容易出现不精确的地方，这就给人类的医学研究带来了困扰。

如今的医学研究者和生物科学研究者一直想找到一个接近于人的体量大小，也是哺乳动物的品种来当做实验动物，于是，这种版纳微型猪就成了实验动物。

某天上午，云南西双版纳偏远的拉祜族小寨子里来了一个人，他不时走入农家住地和饲养场地，观察这里的大牲畜，更仔细地观察农户饲养的猪。

这个人就是云南农业大学的教授曾养志，他要做的是一件迄今为止对于世界遗传学专家来说，也是从未成功的事业。而早在 20 世纪 80 年代，他就与同伴一起开始了这项工作。

当曾养志来到这个仅有十几户人家的寨子，他发现了这里独特的散养方式。

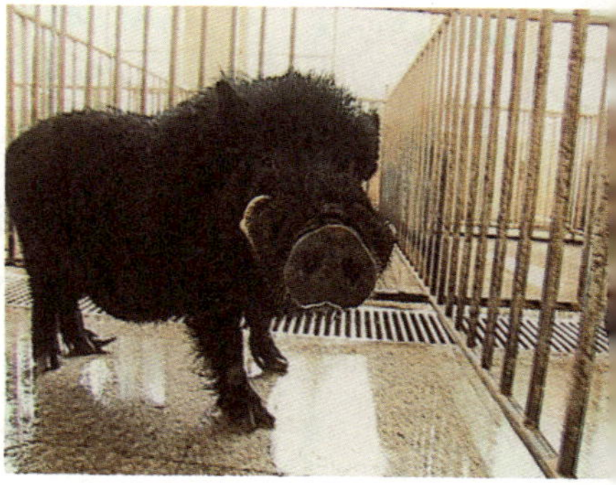

小野猪

曾养志（云南农业大学教授）：“这里有一种奇特的交配形式，就是全寨子只留一头公猪，与全寨子的母猪都进行配种以后，这头公猪就不要了，到第二年，又只留一头公猪。所以我推断，这里是一个有一定近交系数的封闭的群体。”

用野猪做种猪

曾养志为什么要选育这样的猪种，这与他所做的关于生命科学研究到底有什么关系呢？

在生命科学研究中，啮齿类小白鼠近交系已经广泛应用于医学、遗传学领域，但是它与人差异较大，在实验中有一定的局限性。虽然实验动物中有猴类和狗，但是由于人工繁殖困难以及越来越受到动物保护组织的干预，发展下去有一定困难，因此人们希望寻找与人类更加接近的物种作为实验动物。

由于猪在解剖和生理方面的特征都与人接近，而且猪的多数遗传性疾病和人类十分相似，几十年来，不少国外的科学家也都想方设法培育近交品系猪种。

应大君是解剖生理学专家，曾经与曾养志教授交流过关于编制版纳微型猪近交系的解剖系谱的工作，系统研究过猪的解剖和生理结构。

应大君（中国人民解放军第三军医大学博士生导师）：“我们对猪的全部器官形态都做了实验，发现它的心脏大小与人类的心脏大小差不多，它的心肌的结构也与人类几乎一样，而且猪的血管的构成也与人类完全相同。可以说，猪的生命内环境与人类是非常相似的。”

由于一般猪的个体较大，品种复杂，并且伴有许多的遗传缺陷，要将其培育成近交系是非常困难的，于是寻找有一定近交程度、遗传背景又很清楚的猪种就成了曾养志和科研人员的重要工作。

那么，什么是近交系呢？

所谓近交系就是采用连续近亲交配的方法达到 20 世代或更多的世代，逐步淘汰有害基因、保持优良基因，使得家畜家禽的基因达到纯合的一种繁育方法。

近交系数要达到 98.6%，也就是说无论近交系的子孙有多少，它们的祖先只有一对。

究竟选用哪类猪作为近交系的猪种来培育呢？曾养志多次请教过遗传学家杨纪珂。杨纪珂告诉他，西双版纳区域内就有一定近交程度的本地品种的猪，如果得法，就有希望培育出我国大型哺乳类近交系动物来。

曾养志："不夸张地说，如果有谁能用我们自己的地方品种培育成功一个猪的近交系，它的经济价值不亚于重新开发一个大庆油田。"

曾养志清楚，猪是多胎动物，可以一年一个世代，而近交培育则只需要二十世代就能达到所需要的标准。

曾养志："按照遗传学原理，坏的和坏的基因碰在一起，和好的基因和好的基因碰在一起是相对的，比如说一头大猪怀有 14 头小猪，即便有一半是坏的，死掉了，还有一半可以留下来供选择。"

专家研究

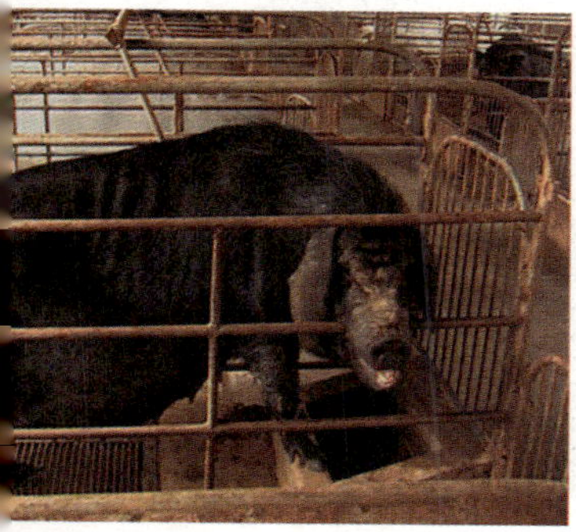

品种复杂

抱着对培育版纳猪近交系的满腔热情，曾养志开始了更加深入的调查。

在这个拉祜族的小寨子里，他了解到，这里有刚生下来不到两个月的小猪。

曾养志："我问寨子里的人，这只小猪的父亲是谁？他们说，刚好就是这头母猪上一次生下来的小公猪配出来的，一看猪刚好还没有断奶，我就下决心把这一窝猪都买下来。"

为了保持版纳小耳猪的原有生育状态，曾教授将小猪连同母猪一同带回西双版纳的封闭的养猪场。为了便于繁育，他将公猪编为单号，母猪编为双号。他们严格按照国际标准严格进行近亲交配。可是到了第二年却出现了意外。

曾养志："猪的怀孕期是 114 天，到了时候生下了许多小猪，可是有的是一窝一窝的流产，有的是生下不久就死掉，第一胎差不多都死了。”

曾教授他们认为，这窝猪虽然有了一定的近交程度，但是还只是处于相对封闭的交配方式，没有想到会出现如此之多的隐性遗传等近交衰退的情况。近百头仔猪，最终只存活下来两头母猪和一头公猪，而这头公猪还伴有腹泻疾病。

曾养志：“当时我在心里面说，不要让它死，只要这一头猪活了，我们就可以继续往下进行研究。当时我们在猪窝旁守护了整整一个月。”

也许是他们的虔诚感动了上苍，一个月后小公猪奇迹般地活了下来。

曾养志：“我希望它的每一代都能留下来几只，比如每一代留下三只，一公两母，一代一代地繁衍，这样我们的近交系就有希望了。”

但是结果并不像他们想象的那样乐观，接下来生出的七八十头猪又只存活了两三头，曾养志也琢磨不透近交衰退为什么如此严重呢?

所谓近交衰退这个概念，简单地说，就是近亲结婚。如果换作人类，那是《婚姻法》所不允许的，结婚要出五服以外，表哥表弟与堂妹堂姐之间是不允许通婚的。因为通婚之后可能会出现遗传问题，也就是说，夫妻俩的血缘关系太近了，身体里都会有一定的致病基因，只不过这些基因可能在这个时候是不表达的，因为它还没有凑成对。但是如果两个人的血缘关系太近，两个基因凑到一起，就会遗传到下一代身上，孩子就会有遗传问题。

但是，把动物进行近交又是有目的的，就是为了纯化这个品种，让这个品

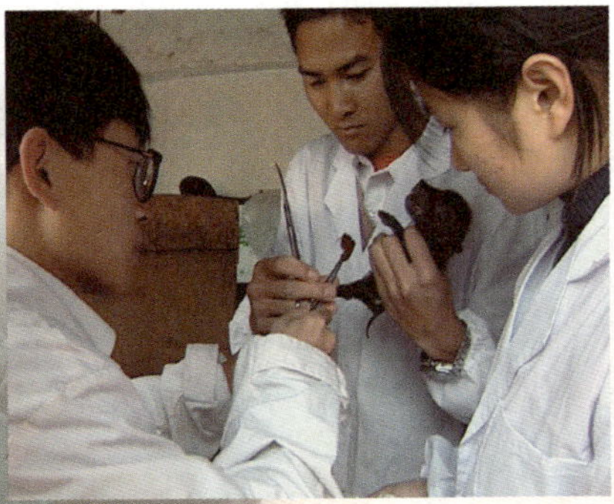

为小猪检查

出生两个月的小猪

种的某些优良特性能够固定下来。不过像曾教授碰到的这种情况，七八十头猪里面只能存活一两头的，确实也是比较罕见的，属于比较严重的近交衰退现象。

杨纪珂是著名的遗传学家，他对近交育种的遗传学原理有较深入的研究，对版纳近交系猪的繁育出现的近交衰退现象有自己的见解。

杨纪珂（遗传学家）：“近亲交配有一个不好的地方，如果这个群体里面有一些致病基因，就会隐藏在里面，没有表现出来。经过近亲交配以后，它就会因为纯合化而表现出来，从而影响到整个个体的衰退。这就是所谓的近交衰退。”

研究版纳微型猪

经过调查，曾养志清楚地意识到，这些猪的死亡都是由于致死基因、亚致死基因和畸形造成的。

他们发现，国外科学家一直选用外观壮实的猪作为猪种，这样做的结果致使许多优秀的基因遭到淘汰。曾教授注意选择那些身体健康或者活力较强的小猪来繁殖，防止近交衰退，其中不少关键性技术都是经过很长时间实践而摸索出来的。

在培育版纳微型猪的过程中，曾教授和大家一起度过了许多艰难岁月，他们一边摸索、一边学习。这是前人未做成功的事业，做起来难度可想而知，曾教授与他的团队累在其中，也乐在其中。

在一份原始资料上，记录着第 5 世代一头小猪命运的演变过程。

有一次，一头母猪生下了七头小猪，其中六头猪体重长到一百多千克，但是一头编号 521 的猪，只有三十多千克。看到这头猪长得这么慢，他们考虑是否将这只小猪淘汰。

曾养志：“当时我们场长就打电话给我，说这头编号为 521 的猪老是不长大。

我就问，它是不是有病？他说没病，我又问是不是发育正常？场长说它发育非常正常，吃东西也非常好。我当时就意识到，这是一只非常珍贵的小型猪，我在心里对自己说，可能我们碰到宝贝了。”

曾教授推断这头小猪的出现一种可能是微型基因的出现，另一种可能是微型基因的纯合体，但是到底是不是微型基因的纯合体呢？

纯合体就是公猪和母猪同时带有微型基因，通过交配微型基因结合，所以这只猪生下来就是微型猪了。那么如何证明这种微型基因可以保持呢？

曾养志：“如果是微型基因的纯合体，它的父母带有这种微型基因，那么只要用 521 和它的姊妹或者和它的母亲交配，它的后代就应该仍然是微型猪。”

果然，三代以后微型猪就固定了，如今这里的全部 30 多个亚系 800 余头近交系的版纳微型猪，都是 521 的后代。

曾养志:“科学研究既有必然性,也有偶然性,像这个编号 521 的猪就是偶然，但这种偶然的现象，我们不能放过它。之前我们碰到过上万头猪，从没见过这种微型猪，它偶然出现了，这种偶然性就是必然。”

在品种选育这个问题上，科学家常常会用到“选”这个字。为什么叫作选，而不是直接培育一个品种呢？其实，“选”这个字非常关键，那就是它存在一定的偶然性。虽说采用近交这种方式，希望能把某种特性保留下来，但是鉴于目前分子生物学的水平还没有达到那么高的程度，因此往往在这个过程具有一定的盲目性，那就是近交只要能固定下来这一批当中的一两只，然后再把这一两只拿出来作为种源。如果这批没有固定下来的种源，就只好再让上一批接着去生，所以这也是所谓的偶然性的存在。

但恰恰就是因为这既有一定的选择性，又有一定的必然性，所以在 521 号猪成功之后，事情又发生了一些新的变化。

这个变化到底是什么呢？

这里的版纳微型猪都按照种系进行分栏养殖，人们逐渐发现，版纳微型猪经过近亲繁殖出现了鬃毛变长、獠牙等返祖现象。技术员胡晓铃就经历过这样一件不可思议的事情。

胡晓铃（技术员）：“饲养员告诉我，有一头母猪产出了一头花猪幼崽，当时是采用的黑猪配黑猪，不应该出现花猪的这种现象，然后我就过去看了一下。”

本来以黑猪为主的品系中，怎么会出现了花猪呢？而生出10世代的花猪又十分正常。于是她赶快通知了曾养志教授。

曾养志：“我来到猪场一看，果然是一头花猪，还没断奶。母猪一胎生了好几头小猪，唯独它是花猪。我当时很高兴，心里想，这又是一个宝贝，又丰富了我们的近交系的资源了。”

曾教授知道，花猪的出现说明上一代中的染色体都带有花猪基因。

曾养志：“应该说，这头花猪的父亲身上存在两种基因，分别是两个染色体上的基因，一个是花的，一个是黑的。如果再能生下一头花猪，花猪配花猪，不就都是花猪了吗？”

后来的发展使得科研工作者们惊喜不断，从那时起黑猪和花猪逐渐形成两个体系。

记者：“这只小猪出生几天了？”

曾教授：“四天到五天。”

记者：“这是第十几代猪了？”

曾教授：“18代。”

这些黑白花猪的出现不仅是版纳猪的杂合体，而且是通过近交系实验反映出来。

曾养志：“遗传学的规律在指导我们，就是像变戏法一样变出了那么多的东西。于是我想，如果把这些东西形成不同的亚系，那不是要什么有什么了吗？”

曾养志他们一直在认真记录这些变化，在繁育过程中他们保留了亚系猪种，对一时无法保留的便把猪的内脏组织器官等进行低温冷冻，以便日后进行更深入的研究。

霍金龙是曾教授的研究生，十年前就参加了版纳猪近交系的培育工作，他形容自己的工作是早晨睁眼看见的是猪跑，入睡时听到的是猪叫。如今他已经成为这里的研究骨干，专门进行版纳微型猪毛色基因序列等方面的研究工作。

版纳微型猪近交系进入20世代，近交系数已达国际规定的98.6%，终于完成了世界上第一个大型哺乳动物近交系的培育研究工作。

人们对于实验用猪的要求是，每一批必须保证几乎100%一样，因此，这就比平常所说的养猪种要难得多。同时还必须得保证能够大规模生产，因为实验用动物的需求量是非常大的，所以按照老办法来进行，这条路一定是走不通的，甚至可能会走进死胡同。为此，科学家们必须要找到另外一条路，那么，这条路是什么呢？

云南农业大学曾养志教授带领他的团队研究版纳微型猪近交系，是为了能够更好地进行医学研究和生物领域探索，意义极其重大。正当大家准备去做这件事的时候，谁知天有不测风云，蓝耳病发生了，培育出来的猪一下子死了不少。

曾养志："因为蓝耳病的出现，这里每天都要死亡几十头猪，这种病如果放在一般的猪场，死亡率在80%～85%，几个月间整个猪场的猪就会全部死亡。"

潘伟荣（云南农业大学讲师）："一个猪舍里面本来养着一百多头猪，有时候一天就有将近三十头猪死亡。那时候没有别的办法，只能尽力救治，把人的免疫球蛋白等药都用上了，按一头猪花费一千六七百元的治疗费用来救治。"

除了积极抢救外，曾教授和科研人员一起迅速收集死掉的珍贵猪种的组织样品进行保存，然后进行细胞超低温冷冻，尽可能将珍贵的猪种延续下去。这一做法，会对日后的研究起到非常重要的作用。

这天早晨，饲养员小刘发现猪舍里刚出生不久的一头小花猪病死了。

小刘（饲养员）："前一天晚上发现这头小花猪快不行了，卧地不起来，第二天早晨过来一看，已经没气了，打了急救针还是不行。"

潘伟荣知道，每头猪都有详细的档案，为了了

按种系分养

解这头小猪的死亡原因，他仔细查看了小猪的情况，并要通知相关人员，采集它的体细胞，以备研究之用。

曾养志教授得知这一情况后，也仔细查看死猪的情况。他发现，这只死亡的小猪乳头发育异常，这种情况可能是遗传缺陷造成的。他让工作人员找来与死猪一同出生的小猪进行比较，证实了这个情况。

随着研究的进一步深入，一个严峻的问题摆在大家面前，就是如何尽快让版纳微型猪成为符合医学实验要求的实验动物呢？

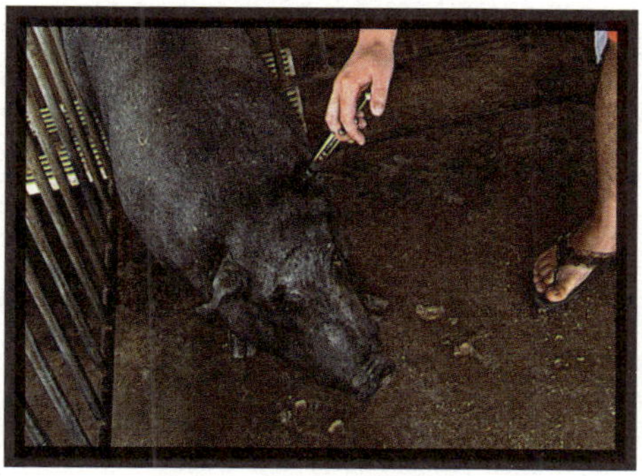
为猪做防疫

杨纪珂：“猪在遗传的角度上与人类更接近，所以不管是作为医学的实验材料，甚至将来进行猪的器官移植等，在医学上的用途远比小家鼠要广得多。”

养猪出了问题

魏红江博士早年留学国外，专门从事动物生产学研究，在对版纳微型猪近交系进行全面系统研究后，便带领团队开始了对它的克隆研究工作。

一般说来，克隆如同复印机一样，可以在规定的条件下，复制出同样的图形。克隆这项技术虽然先前就有成功的先例，但是对于克隆近交系版纳微型猪来说，这还是头一次。

那么克隆技术是怎样进行的呢？克隆的环节很多，科研人员从屠宰场找到相当数量普通猪的卵巢，将其中未发育完全的卵母细胞抽取出来，进行体外培养成熟。然后去掉其中的核，再将版纳微型猪培养的体细胞注入卵母细胞内，实际上就是借助一个营养的内环境孕育新的生命。当发育到一定的阶段，就移植到代孕母猪体内。

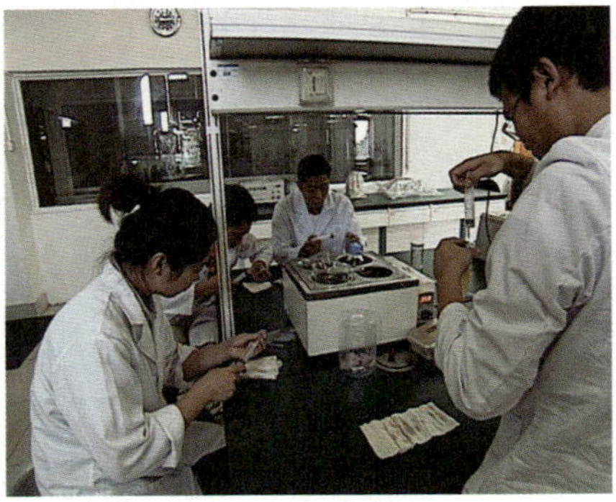

科研人员做检查

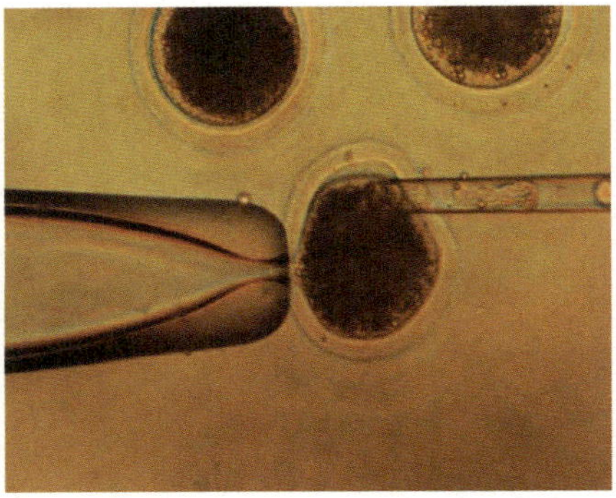

显微镜下

在生物界，最成功的克隆例子，恐怕就是克隆羊多莉的诞生了。在多莉诞生的过程中，需要三个不同的个体，第一个个体是要从它这里培养出体细胞来，然后在此基础上找到第二个个体，再由第二个个体提供卵母细胞。同时还要把这个卵母细胞的细胞核里的遗传物质全部取掉，只剩下一个空壳，最后再把做好的个体细胞注入进去，这实际上就等于形成了一颗已经能够继续发育的卵子了。最后再找出第三头动物，把这颗卵子植入到它的子宫里，最终诞生出一个个体。

对于版纳微型猪近交系而言，要想实现克隆，同样也要走这个过程，这就需要找到一个跟它没有任何关系的代孕妈妈来。

魏红江（云南农业大学动物科学学院副院长）："寻找代孕母猪不能用我们的近交系，因为近交系太珍贵，所以我们只能选择商品猪，或者是云南的地方猪种。"

大学毕业已经两年的陈关雄就是代孕母猪的研究者和陪护者之一，接到克隆猪培育工作以后，他就和同伴一起日夜观察猪的变化。有一次，刚出生不久的克隆小猪不吃奶了，这可急坏了他。

陈关雄（研究人员）："当时我们只好挤出母猪的奶水，用吸管一滴一滴地喂它。"

陈关雄清楚，仔猪必须在出生后两小时之内吃上初乳，因为初乳含有较高的抗体和营养，可以提高仔猪的成活率和身体的抵抗力。为了保证仔猪吃到奶而并且不被母猪压伤、压死，大家就只能 24 小时陪护。

在攻克版纳微型猪近交系克隆工作之后，魏红江博士又与同伴一起开始研究转基因克隆猪，因为他们知道，攻克转基因技术，对于把版纳微型猪近交系作为今后实验动物、疾病模型，以及异种器官移植都是非常重要的。

魏红江："如果只有克隆技术，没有转基因技术的话，我们对于近交系在今后的应用上就不会有太大的作为。"

魏红江他们正在从事的转基因工作，就是通过工程设计的方法在分子水平上对生物遗传物质进行加工，定向改变遗传物质的组成，把生物体携带的特定基因引入到另一个物体当中，达到人们所期待的目标。

曾养志："转基因本来就不是单纯的克隆了，是把我们需要的基因转移到这只猪身上。"

魏红江："作为不同物种的转基因技术，大家都是先从标记基因做起，就是把这个标记基因转进去，看它最后表达了没有，成不成功。"

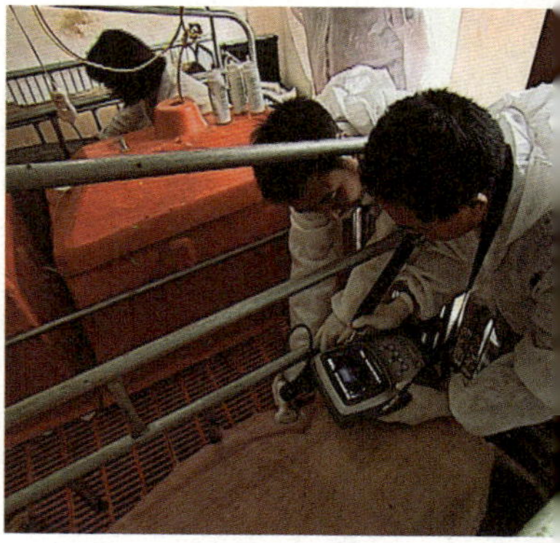

为怀孕的猪做检查

于是魏红江他们开始了转基因猪的繁育工作。他们选择一头母猪作为转基因克隆胚胎的代孕妈妈，在它的产房一侧建立了手术室，工作人员做好了产前的一切准备工作。

这头代孕的白猪是家猪，一般来说家猪怀孕 114 天左右就会分娩。可现在大家心情都有些紧张，因为它的预产期已经过了 5 天，居然还没有任何分娩的迹象。如果怀孕时间过长，胎盘老化就会影响到胎儿发育，还会发生很多意想不到的情况。

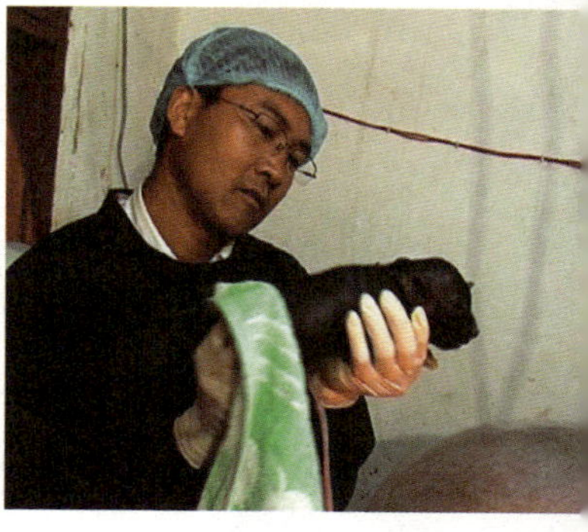

第一头小猪诞生

潘伟荣："我们已经花费了很多的人力、财力和时间，如果出现意外，大家都会非常沮丧，我们希望这种事情不要发生。"

到了第六天，代孕母猪依然没有分娩的征兆。晚上，潘伟荣和同伴再次为它做检查，他发现胎心有些听不清。如果听不到胎心，恐怕就要为代孕母猪实施剖宫产手术。他非常担心，经过反复B超检查后，终于找到了胎心。

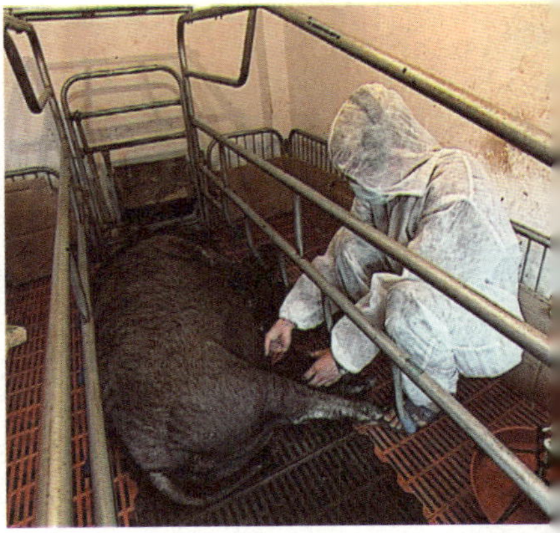

成活率提高

天色越来越暗了，母猪似乎有了分娩的迹象，为了防止出现意外抢救不方便，他们干脆把门板拆下来了。

午夜刚过，代孕母猪就有了分娩的征兆。

此时工作人员发现母猪的奶水充足，经验告诉他们代孕母猪就要生产了。

这天凌晨二时，第一头猪出生。

潘伟荣迅速地清理小猪口中的黏液，并轻轻拍打小猪的屁股，帮助它呼吸。

很快，第二头猪也出生了，伴随着小猪的叫声，它们显示出旺盛的生命力。

这只代孕妈妈一共生出了四头小猪，而且全部是顺产。

魏博士抱着小猪跑到另一房间去为它称体重，然后和他的学生一起打开紫外线灯，试图查看刚刚出生小猪的肢体末端和鼻子，看看有没有荧光标记。

魏红江："我们马上开始鉴定，如果鉴定为成功，克隆猪已经获得我们转进去的基因，那就说明我们的转基因已经建立。对于我们来说，就能为接下来的制作疾病模型、异种器官移植等研究打下很好的基础。"

为了进一步证实转基因的情况，魏红江决定再采用其他的科学方法进行检测。

而在另一个房间内，工作人员正在帮助小猪吃初乳。

在通常情况下小猪吃奶的乳头是固定的，前三对乳头的乳汁分泌最多，工作人员会把身体弱小的猪分放到前边的乳头。

在小猪出生十天后，经过科学检测，发现了其中一头克隆猪有表达转入的标记基因，这预示着成功培育了版纳微型猪近交系转基因猪。

菲利普·斯道特（澳大利亚的动物学专家）："当我看过了刚出生的转基因克隆猪以后，感慨颇多。我看到这里的克隆技术发展得如此完善，感到很惊奇，

两种猪做比较

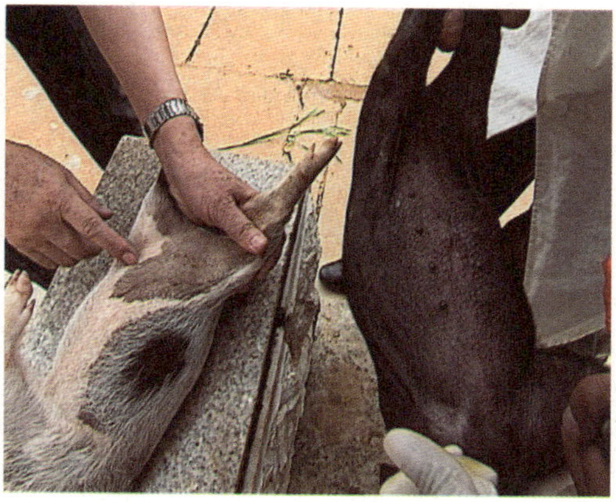

小猪做对比

对于版纳微型猪近交系的克隆技术来说，在世界科学和医学领域有一个很好的发展前景。尤其是心脏病患者可以应用猪的器官，为他们造福。”

时隔一年多之后，在这个实验室中又有三窝克隆小猪诞生了。如果说以前那是一次实践的话，此次把人类所需要的有特定目标的基因转移到给它克隆的小猪体内，就是一次实战了。只有这样才标志着人们要利用小猪们作为今后生物学研究的、带有标定记号的猪真正诞生了。虽然实验室诞生和实际大规模生产，再到临床使用还有一定的距离，应该怎样缩短这个距离，并离真正地大规模应用还有多远呢？

近交听起来是一个令人担心的词，而在科学上却有着无法替代的作用。因为近交动物的基因高度纯合，遗传背景清楚，从而可以减少在个体之间遗传差异造成的偏差。

曾养志：“我们的近交系进入到20世代以后，已经可以开展很多的临床实验，因为我们的近交系都是基因纯合，要排异的话，我们就一次处理一个基因，这样就适合所有的人用。”

林月秋从事骨科临床工作已经二十多年，一次偶然的机会到曾教授的猪场参观，他受到了很大的启发。

林月秋（昆明军区总医院骨科硕士生导师）：“我看到这里的猪，每一窝猪的花色都是一模一样的，包括蹄子上的花都是一模一样的，有一窝猪竟然全部都长出獠牙，这就说明这些猪的遗传基因非常纯合，遗传的性状也比较稳定。那时候我就意识到，这里的猪可能是个宝贝，所以我也对这些猪非常感兴趣，想到这些猪身上有很多可以利用的地方。”

林月秋首先想到的就是，用猪的骨骼做生物材料进行异种动物的骨移植实验。

林月秋：“我首先想到的是这种猪的骨可以用于治疗人大段的骨缺损，因为小段的骨缺损，骨的组织来源不是很缺乏，也可以用自体骨，就是取病人自身的骨头来做，但是如果是缺损比较大，在自体骨不能满足的情况下，就要考虑用异体骨。”

那么，使用版纳微型猪近交系骨骼进行其他种类动物的骨移植到底能不能成功呢？他们首先进行版纳猪与兔子之间的异体骨和肌腱的移植试验。

林月秋：“经过特殊处理以后，移植到兔子的骨上是非常成功的，骨的愈合也比较快，而且愈合以后，骨的生物力学强度也能够达到标准。”

经过两年多的实验观察，移植后兔子骨骼愈合良好，运动功能没有受到任何影响。

应大君：“等有朝一日在基因水平上进行改造以后，我们就可以放心大胆地把它应用到人身上去，我想，这一天应该不远了。”

目前版纳微型猪近交系已经达到 24 世代以上，这些研究成果凝结着遗传、生物、医学专家和众多的科研人员的心血，对于揭示生命科学的奥秘起到了积极的促进作用。

在这 30 年的研究培育过程中，小猪们为人类的科学研究提供了大量研究对象和标本，想想那些半途夭折的小猪，以及那些为了人类进行器官移植而被迫得上肿瘤的小猪，我们都要感谢它们为人类所作出的贡献。

当然，任何科学研究都不是只依靠想象的，只要理论存在就可以在一夜之间变为真正的成果，它们都需要有一个相当长的时间，相当大的投入，才能够完成的。我们希望通过这些小猪的贡献，以及科研人员的不懈努力，能够早日实现预期的目标，给更多的人带来福音。

（刘海忱）

寻找闭壳龟

云南的深山里，一个从未有外人来过的地方，一群人像在探宝一样正搜寻着什么，他们无所不至又遮遮掩掩，他们小心翼翼又假装心不在焉，他们是什么人？为什么这般谨慎？他们在寻找什么呢？

他们是在寻找一种国宝级的野生动物，一种特别的龟，这种龟叫作云南闭壳龟。在过去的几十年中，都没有人见过它们，以至于在一些国际上编著的濒危保护动物名单中，已经把它列为绝灭的动物。既然这样，这些人为什么还要去寻找呢？他们能找到吗？

饶定齐是中国科学院昆明动物所一位研究两栖爬行动物的博士，他在网络上看到一条消息，有人买到了一只奇怪的龟。从种种迹象来看，这只龟很像是传说中的云南闭壳龟。看到这一消息时，饶定齐震惊了。

饶定齐（中国科学院昆明动物研究所博士）：“不是说这种龟都已经宣布灭绝了吗？怎么它又出现了？我当时很震惊，有一种起死回生的感觉。”

龟类是在恐龙时期出现的动物，它们中的很大一部分都和恐龙一样，随着年代的变迁消亡了；幸运的是，还有相当一部分留存了下来。

现在，剩下的龟的种类还有多少呢？

饶定齐：“早期的龟种类很多，因为现在有很多龟化石出土。不过全世界现存的龟的种类也就只有 200

龟的头部特写

多种，我国大约只有三四十种。”

在进化过程中，龟的外形出现了不同方向的改变：凶猛的食肉龟，头部逐渐变大，已无法缩回到壳里，无用的龟甲也越来越小。而闭壳龟是另外一种性格温顺的龟，它们怎么保护自己呢？

饶定齐：“闭壳龟就是指它的壳是能够闭合的，因为它的腹甲与中间这部分连接的地方有一根韧带，这根韧带能够把它的腹部的那块板收拢，所以就叫闭壳龟。闭壳的闭就是合拢的意思。”

被抓住的云南闭壳龟

躲进龟壳里，这种龟看上去就像路边一块普通的石头，不易被伤害也不易被找到。1906 年，外国传教士在中国的云南发现闭壳龟中的一个独特新种，并将它命名为云南闭壳龟。但不幸的是，从被发现那时起人们就很少见到过它。云南闭壳龟最后一次露面是在 1946 年，之后就再也没有人见过它的踪影。

饶定齐：“已经有将近 60 年没有任何关于这种龟的信息，所以在 2000 年前后，国际上宣布这个物种为灭绝物种。”

刘惠宁（世界保护联盟博士）：“因为龟属于冷血动物，所以它们身体的体温与环境的气温基本保持一致，所以大部分的龟都生活在热带地方，或是低海拔的地方，在这么高的海拔地带生活的龟是非常罕见的。”

短短 40 年的记载，云南闭壳龟就从人们的视线里消失了，仅仅存世了 6 只

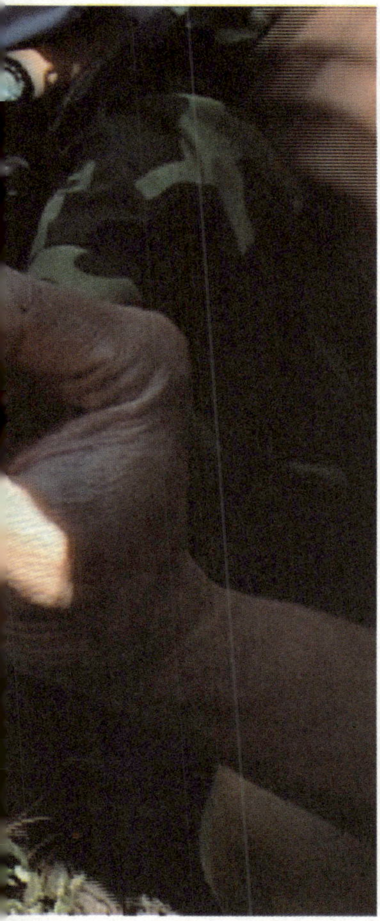

像石头一样的云南闭壳龟

在草丛中发现闭壳龟

发现闭壳龟的水塘

标本，而且大部分都保存在外国的博物馆中。当网络上出现的那只龟，最终被认定确实是神秘的云南闭壳龟时，学术界又是什么反应呢？

饶定齐：“这件事很快在国内外引起轰动，学术界很兴奋，都在议论说，这个种类又出现了。”

全世界研究者的目光一下子都集中到云南的版图上，这种已经灭绝的动物，难道现今还生存在云南的某个地方吗？那么它到底在哪里？还有多少只？能不能再找到呢？

饶定齐：“我是从事两栖爬行动物研究的学者，所以我有责任要去寻找它。同时我又在云南，如果我都不去做这个工作，那可能云南闭壳龟就真的要灭绝了。”

饶定齐决定放下手中的工作，放下做课题、评职称这类对自己更有利害关系的事情，去最危险的野外寻找。但是，偌大一个云南，到处都是大山，往哪个方向迈开脚步呢？ 100 多年前闭壳龟出现在哪里？历史有没有给人们留下什么线索呢？

饶定齐：“老乡，有没有见过这种龟？”

老乡：“没有见过！”

饶定齐：“已经过去了100多年，没有关于闭壳龟的任何野外资料的记录，我们对这个物种的野外信息、生态资料以及生活习性等，可以说是一无所知。”

寻找一种对它的习性完全不了解的动物，难度非常之高，林中的植物，水里的动物，哪一些会与寻找目标有关呢？

饶定齐：“我参考了其他种类闭壳龟的一些资料，经过推测，我认为它生活的地方应该离不开水。”

水塘是重要线索，但这样的线索却为寻找增加了难度，因为人们无法看清水下的情况，寻找闭壳龟必须要靠到水下去捕捞。可是就这样一网接一网地打捞，能捞出云南闭壳龟吗？

在饶定齐野外寻找闭壳龟两年之后，出现在这片深山里的，还有从香港专程赶来的世界自然保护联盟的专家。人们对这里的水塘充满了期待，查遍每个水塘，能不能找到云南闭壳龟呢？

远远望去一片死寂的水塘，一个人走到水塘面前就会发现里面动感十足，充满了生命，也充满了危险，热带丛林中，毒蛇野兽不时出没，对科研人员的生命造成了极大的威胁。可是，这样的地方会是闭壳龟的藏身之所吗？用什么办法探查藏在水下的动物呢？

这天，饶定齐发现水下好像有什么东西，大小和一只龟有些相仿，他决定把它捞出来。可是打捞的结果又一次令他失望了，那只是一块形似乌龟的石头。

两年了，像这样一寸寸地寻找，无数次都以失败告终。放眼望去，前面的水塘还有数以万计，山外的大山还有成百上千。这样大海捞针一般，什么时候才能找到闭壳龟呢？从云南闭壳龟又被发现起，饶定齐就倍感时间紧迫，一种莫名的压力紧逼着他。

饶定齐：“在我们调查的过程中，不断有消息传来，说找到了云南闭壳龟，于是有人从昆明来把它买走，像这种私下的动物交易很多，这也给了我更大的压力。”

就像是暗中在和动物交易者较量，要不露声色，必须抢在他们之前。要抢先找到云南闭壳龟的野外生存地，尽快保护起来。所以，这一次野外科考至关重要，他们能够得偿夙愿吗？

在深山中寻找，夜幕会一下子笼罩四野。当天色暗下来，山林里的声音反而比白天更加热闹。黑暗给人们带来了全新的视野，凭借手电的光亮，水底的世界变得清晰可见，这些都有可能是闭壳龟的食物，它会不会就藏身在水下，能不能趁着夜色看到它的身影呢？

天亮的时候，饶定齐接到了一个电话，大家立刻赶往山外的一个村庄。进山第一天，饶定齐就到处拜访找龟的线人，在那个电话中，线人说刚刚在水塘边抓住了一只龟，饶定齐以最快速度赶到这位老乡家。

怎么这么巧，正当人们千方百计寻找它时，它就出现在了眼前？这真的会是一只云南闭壳龟吗？

饶定齐："云南闭壳龟与其他闭壳龟不同的是，它的眼睛前后有一条黄色的线条，眼睛下边和嘴角后面还有一条有点橘红色的线。"

经过反复鉴别，这居然真的就是一只云南闭壳龟！这是第一次，研究者们见到了来自野外的国宝。饶定齐仔细观察了这只龟的腹部，他发现有一些凹进去，他由此判定这是一只雄性龟。

研究人员："是你发现的吗？"

老乡："它就在山上被发现的。"

研究人员："它被发现的时候是在挖洞还是就在叶子后面不动？"

老乡："它在洞里面藏着，一年四季它都不会怎么动。"

饶定齐：看着这只龟的腹部有点像公的。

虽然不是科考人员直接找到的，但这只龟的出现告诉人们，云南闭壳龟在野外还在顽强生存着。

可是，它的生活环境究竟是什么

科研人员下水塘去寻找其他的闭壳龟

样子？它选择了什么样的水塘栖身呢？

饶定齐：“那个水塘大不大？是不是很深？”

人们迫不及待地要去看看那个水塘，看看云南闭壳龟的生存环境。几小时前，那位老乡是怎么和宝贝相遇的呢？

几小时前，正从这里路过的老乡发现前面草丛中有一团黑色的东西在移动，一下子引起了他的注意。

老乡：“我看这是一只龟，就赶快跑过去拦住了它。”

当时闭壳龟正从水塘旁边往山上爬，结果被老乡发现并带回了家。那么，它是偶然路过这里，还是久居此地呢？旁边这个看不出深浅的小水坑，会是它的家园吗？这水坑里还有其他的成员吗？

为了让这个物种继续在人们的关注之下生存下去，最好是能够给它找到伴侣，只有这样才能保证它们能够繁衍后代，生出小闭壳龟来。所以，饶定齐他们决定去水塘里继续寻找，虽说水塘里有很多危险，毒蛇时常出没，但大家还是决定再次下水去碰碰运气。

冰凉的水塘里，除了老乡见过的蛇，还会有闭壳龟藏身吗？它会趴在水底还是躲在草丛里呢？

在人们揪心的注视下，经过半个小时，水塘里的搜寻无果而终。虽然没有再找到更多的龟，但刚才老乡捉住的那只龟依然让人们欣慰。几年的寻找，随着这只龟的出现，情况终于有了进展，让专家们知道了更多生存环境的信息。

这只云南闭壳龟虽然出现在水边，但它不在水里，这样就有更多的机会让人们能够发现它。

科学仪器记录闭壳龟的生存环境特征

记录好环境特征后，一行人又匆忙开车到大山里去寻找相同的环境，这一次他们会不会有所收获呢？

抓住3只闭壳龟

饶定齐：“昨天那种情况让我觉得有点失望。不过从好的方面来想，总算找到了一只龟，还是有收获的。”

接下来的寻找，人们更关注水塘边，因为有了那些新认识，似乎感觉离目标越来越近了。他们前一天放在水中的笼子，似乎里面有什么东西在活动，这会不会是一次期待中的相遇呢？

他们将笼子提上岸，发现里面却是一只滇蛙。希望与失望，在之后几天的寻找中依然不停重复着。

科研人员出发去发现云南闭壳龟的水塘

几天来，各种动物包括毒蛇也常常与人们擦肩而过，给寻找增加着危险。当又一个笼子被检查时，饶定齐发现有一些异样。他看到那里的草动了一下，一条蛇把那里的草压倒了。

笼子里放置的诱饵，既能吸引龟也会吸引蛇，因为毒蛇的威胁，所以只能用蛇夹来接触笼子。就在他感到失望的一刹那，闭壳龟出现了。

龟不仅出现了，竟然还不止一只！

60年没有露面的神秘动物，终于找到了，饶定齐他们通过自己的努力，终于让世人知道，中国独有的云南闭壳龟没有灭绝。

这一天对于饶定齐他们来说，简直就是一次大丰收。他们一共发现了3只云南闭壳龟，并且 3 只全都是雌性龟。他们随意查看了其中一只龟的年龄，它最少已有 17 岁了。

每一种动物都是生物链中的一环，每灭绝一种，都会给其他生物以及给自然界带来一次或大或小的灾难。通过不懈寻找，饶定齐一共找到了 4 只云南闭壳龟，并且这 3 只雌龟和 1 只雄龟都已成年，具有繁殖的条件。从此，云南闭壳龟从灭绝的边缘被救了回来，人们怎么能不高兴呢？

饶定齐：“这几年我跑了那么多地方，这一次终于确定这个野生种群的存在。现在，我觉得肩上的担子更重了，怎么去保护这个物种，让它延续下去成了我的新课题。”

如今，饶定齐他们找到的云南闭壳龟已经繁衍出了第一批后代，这实在是一件令人高兴的事。与此同时，我们也要呼吁，有关部门能尽快制定出保护云南闭壳龟的相关办法，并且积极实施，希望这个物种千万不要在人们再次发现它之后，重新又走上灭绝的道路。

（李苏）

驯化“水老虎”

五月微凉的天气，让开垂钓园的小陈心情颇好。因为以往这样的天气，他的生意都会不错。可今天却不一样，他刚一走进垂钓园，就遭到很多钓鱼游客的埋怨。

游客：“老板，你这里没有大鱼啊，你骗我们的，下次我就不来钓了。”

小陈：“这里面放了一万条鱼，怎么会没有鱼呢？”

游客：“钓了半天了，你看就这几条鱼。”

没来由的被游客一顿数落，小陈觉得自己挺委屈，明明投入了几万尾鱼的鱼塘，游客怎么就钓不到鱼呢？

其实，也难怪小陈老板会觉得委屈，自己明明投了五万尾鱼，可游客偏偏说钓不上来。这到底是怎么回事呢？于是，小陈算了一笔账，他一共投入五万多条鱼，这几年游客钓上来两万多条，那剩下三万多条都去哪儿了呢？

“水老虎”

小陈决定要破解这鱼苗丢失之案。他首先检查了鱼塘四周，看是否会有鱼逃跑的洞，可是几天下来水面都很平静，不像有鱼逃跑的迹象。后来他甚至怀疑会不会有人把鱼偷走了？可是接连几个晚上他去巡视鱼塘，也没发现什么异常情况。后来有位水产行业的朋友建议他全面打捞一下鱼塘。

小陈没有别的办法，只好请当地的渔民来帮忙，彻底打捞一下鱼塘，看到底发生了什么情况。

刚开始打捞的时候水面一直很平静，没想到在收网的时候，果然发生了不同寻常的情况。原来，水塘里有两条大鳡鱼。

当把网收上来之后，渔民都大吃一惊。网里竟然出现两条巨大的鱼，有见识的渔民立即就认出这竟然是在淡水地区让渔民见之色变的鳡鱼，它是以吃各种鱼闻名，所以又叫“水老虎”。而在小陈鱼塘里发现的这两条“水老虎”，都已达一米多长。

小陈：“捕上来两条鳡鱼，都有100多斤，鱼塘里的鱼大部分被这两条鳡鱼吃掉了。”

原来小陈鱼塘里的几万尾鱼苗，都是被这两条“水老虎”吃掉的。在场的很多人都是第一次看到这么大的鱼，开始的确觉得很新鲜，可是不久之后，鱼塘也就恢复了往日的平静。可是那两条大鳡鱼的出现，却牢牢地抓住了一个年轻人的心。

他就是江从胜，因为从小跟着父亲养鱼，江从胜对各种鱼天生有一种兴趣。

江从胜：“我以前是从事四大家鱼人工繁殖的，所以对鱼很有兴趣。”

他无意中听到，在小陈老板的鱼塘里捕到两条100多斤重的鳡鱼，这让他非常吃惊。恰好那时江从胜觉得普通鱼类的经济价值不高，也正在寻找更合适的项目。

江从胜：“我听说鳡鱼卖得很好，那个时候差不多能卖到每斤二十七八块钱。”

“水老虎”吃食（一）

江从胜从没想到这个让渔民生畏的鳡鱼，竟然能卖到这么高的价钱，这一下子就吸引了他。

江从胜：“这件事一下子激发了我的兴趣。我觉得这种鱼的卖价太好了，那时候比鲑鱼价还好，是常规鱼的好几倍。我想如果我能养殖这种鱼，市场前景是相当可以的。”

“水老虎”吃食（二）

江从胜是有想法就去行动的人，但是养鳡鱼却没有他想得那么简单，何况他最终目标是人工繁殖并养殖鳡鱼。在养鳡鱼这件事上，印证了那句古话“万事开头难”，首先在找鳡鱼亲本上他就遇到了困难。

江从胜：“以前鳡鱼分布很广泛，随着湖北长江截流，生态环境受到破坏，现在在湖北很难找到天然繁殖的鳡鱼的踪迹。”

江从胜接连几年到大江大河边上找鳡鱼，可是从开始他就根本找不到野生的鳡鱼，他遇到的状况恰好印证了一个人的研究成果。

“水老虎”吃鱼

这个人叫向建国，是湖南农大动科院的老师，一直从事研究鳡鱼的生态发展。鳡鱼的现状让他非常担心。

向建国（湖南农业大学动科院水产系副教授）：“通过2003年开始进行的分析统计，2003年我们捕到了2 000多尾鳡鱼，而到2008年，我们捕到了73尾，2009年只捕到2尾。”

向建国担心野外生存的鳡鱼已经濒临灭绝，而江从胜的想法正好与他不谋而合。

向建国：“鳡鱼的资源量在不断地减少，我们通过从2003年到现在的监测，发现在湘江流域，自然生存的鳡鱼资源量每年呈10个百分点的速度在下降。在这种情况之下，我们开始考虑进行人工繁殖。”

向建国想要人工繁殖鳡鱼，却一直没能成功。当江从胜从向老师那里听说了鳡鱼的状况后，更加坚定了他养鳡鱼的决心。几年的时间，他多次到长江边或者湖边去买鳡鱼。听说他想养鳡鱼，当地渔民都很吃惊，因为渔民都认为鳡鱼是种害鱼，都劝他不要养。

渔民：“我觉得这种鱼养不活，它一离开水面就死了，不好养。”

在鳡鱼出没的地区，人们将它称为“水老虎”，或者是“淡水鲨鱼”，就是说它的习性有点儿类似亚马孙河里的“食人鲳”。据说，鳡鱼是性子非常暴劣的掠食动物，特别喜欢吃其他的鱼，并以此为生，只是它不吃人。鳡鱼的动作异常敏捷，它的身材呈流线型，看起来就像核潜艇似的，所以它一直以来就在水下称王称霸，一般渔民说起它都非常头疼，就更不用说去养它了。

人工繁殖“水老虎”（一）

不过，鳡鱼虽然厉害，它的肉味却特别鲜嫩，只是它没法养。首先，谁也不愿意去养它，因为它和别的鱼种无法共处；再有，据说鳡鱼气性非常大，只要一离开水马上就会死，经不起折腾，所以也没有人愿意去养。大家都嫌鳡鱼麻烦，而且认为是不可能养活的，但是江从胜却偏偏不信这个邪。

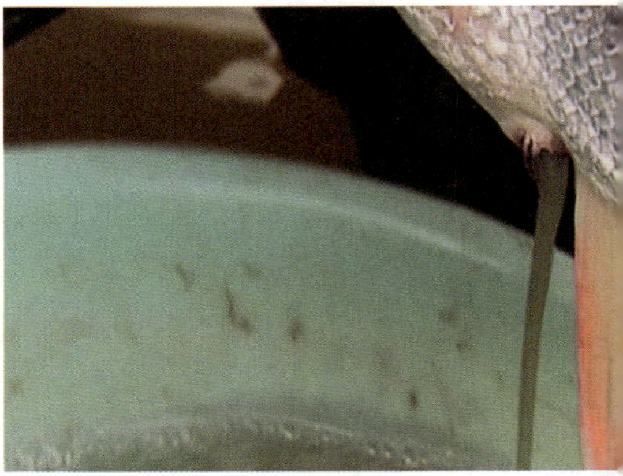

人工繁殖“水老虎”（二）

江从胜不顾渔民的反对，花了大价钱把渔民捕捞上来的鳡鱼都买了下来，可是结果却真被渔民说中了。

江从胜：“当时我抱着试一试的心情搞起了鳡鱼养殖，放到水塘当天是活的，到第二天就全部死了。”

江从胜接连收购了几次鳡鱼都以失败告终，可是即使这样也没打消他的积极性。而且多次收购鳡鱼的经历，也让他积累了不少经验。江从胜发现鳡鱼的死亡，主要是因为鳡鱼性情比较暴躁，在渔民捕捞时，它会猛烈撞击渔网，这样鳡鱼不可避免地就会受伤。

江从胜：“我买回来的鳡鱼，很多都是奄奄一息，遍体鳞伤，基本上没有能存活下来的。”

受伤的鳡鱼成活率会非常低，所以江丛胜几次收购都失败了，但是也有例外的时候。

江丛胜：“12 月末的一天，我一下子买到了七八条鳡鱼，请了几个人用担架帮我把鱼抬上车，因为这次护理得好，经过消炎，放到塘里七条鱼，几天以后死了四条鱼，还剩下三条。”

江丛胜就从这三条野生鳡鱼开始了他的养殖鳡鱼的生涯。可是没想到他刚把鳡鱼放到自己的鱼塘里就碰到了烦心事。

村民七嘴八舌地说着鳡鱼如何不好，不能养鳡鱼之类的话，当时江丛胜听着心里很不是滋味。

江丛胜：“我才开始养殖，他们就跟我说这些话，我当然觉得听了不舒服。我们当地有句俗语，叫作：养鱼不养鳡，养得光杆杆。所以大家都说鳡鱼不能养，可我偏偏就要养！”

据当地老人讲，养鳡鱼不吉利，会给人带来晦气，都劝他不要养。可是江丛胜认为那些传说并不可信，他觉得只有自己养殖成功，才能真正消除村民的顾虑。

那时江丛胜一心一意地要人工繁殖鳡鱼，他觉得自己从小就跟父亲学习“四大家鱼”的人工繁殖，人工繁殖鳡鱼也不会太难，可是事实却非他所想。

江丛胜：“前期用的常规四大家鱼的繁殖用药，用在鳡鱼身上效果很不理想，第一次繁殖失败了，没有产出卵，鱼也死了。”

第一次人工繁殖江丛胜使用了常规鱼的催产方式，不仅没让鳡鱼产卵，最终鳡鱼还死掉了，这让江丛胜非常心疼。对其他鱼都很有效的方法，为什么在鳡鱼身上却丝毫不起作用呢？江丛胜百思不得其解。

向建国得知了他的情况，查看之后猜测可能鳡鱼的性腺没有达到完全成熟，建议他调整催产药物。

江丛胜：“于是我们添加了一些其他的药物，比如鱼脑垂体之类的药物，因为鱼脑垂体一般对各种鱼都有效。”

江从胜不仅改变了药物，还增加了一次注射，他发现这关键的一步是第二次注射，必须跟第一次注射相隔 7 至 8 小时，只有这样才能让鳡鱼完成 24 小时性腺发育成熟并产卵。经过更换药物和增加注射量，这次鳡鱼果然顺利地完成了产卵过程。

鱼卵充分受精后投入孵化池中，结果小鱼还没孵化出，江从胜就又遇到了状况，人工催产之后的雄鱼和雌鱼第二天全部死了。

这让江从胜非常着急，因为他的母本本来就没有多少，再这样下去真的不可能养殖成功了。

江从胜："刚生产完，这些大鱼都已经伤痕累累，活不下来了。"

江从胜解决不了母本死亡的问题，他又去求教向建国。可是这一次，研究鳡鱼的向建国同样找不到原因。

向建国："为什么自然环境下我们没有发现产完卵的母体死亡，而人工孵化条件下母体就会死亡呢？我猜测可能是激素量使用不科学，或者是在产卵的过程中，我们在人工环境条件下实行了强行催产，造成对母本的体力消耗过大。"

为什么当地人不养鳡鱼呢？因为它经不起折腾，为了让鳡鱼赶快产卵，打了两次催产针，把它放在固定水域里，结果很快就死了。这该怎么办呢？那就只能提高卵的孵化率。

鳡鱼打从受精那天开始，就经不起折腾，因为受精必须要在水流平缓的条件下，水流过大就把它们给冲散了，水流过小又会全部沉底，导致产下的卵缺氧而死。不过，鳡鱼的孵化倒是挺快的，24 小时就能孵出小鱼，三四天之后，幼鱼就能够学会上下左右游动。

这样说起来，适合鳡鱼的水域，必须要保证水是流动的，还要不急不缓，按照平均的速度算下来的话，三四天的时间就得游出六百千米左右，这就已经超出了人工养殖的范围。怎么办呢？江从胜为此人工制造了一个循环流动的水，使用这个方法后，孵化的效果还真的挺不错。

两天之后，小鳡鱼就孵化出来了，看着这些鳡鱼苗，江从胜非常高兴，这回终于可以养鳡鱼了。可是当小鳡鱼长到开口吃食的时候，他才知道自己离成功还远着呢。

江从胜："我买了一个水塘，在那里做了一个实验，分了大约五六万尾鳡鱼在水塘里面，又一下子弄了几百万鲇鱼苗给它们吃。可是没想到，只有几天的工夫，几百万条鱼苗就被吃光了。"

直到那时，他才明白为什么鳡鱼被称为"水老虎"，几百万尾的鲇鱼苗只三四天的时间就被全部吃完，这样下去是不可能人工养殖成功的，这不仅有成本过高的问题，而且鳡鱼长大后，根本没有那么多的活鱼饵喂给它们。

江从胜曾试着给它们喂鱼饲料，可是小鳡鱼完全不理会。

江从胜："我把鱼粉和甲鱼饲料投到水塘里，开始投食的时候，鳡鱼苗连看都不看，更别说吃。可是吃活鱼苗，那个量太大了，如果这样养，最后的结果肯定是失败的。"

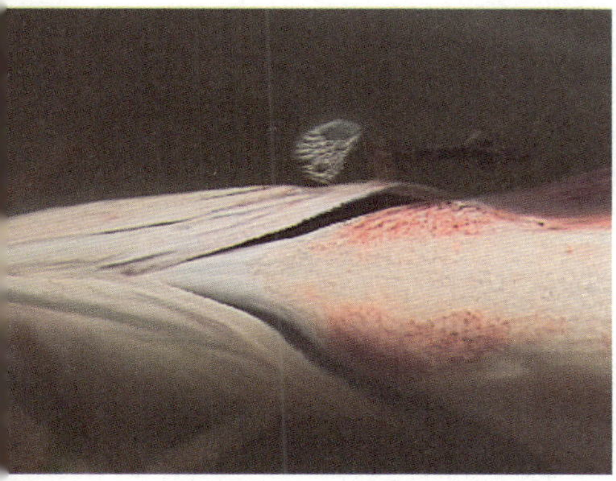

人工繁殖的"水老虎"意外死亡

"水老虎"跟陆地上的老虎一样，都是吃肉长大的，而人工饵料的主要成分是麸皮、豆饼、大麦、玉米和鱼粉等，这就好像给老虎喂粮食，它肯定不吃。为此江从胜想了很多办法。

江从胜："我又把小鱼苗用机器打成鱼浆，也就是鱼沫，采用泼洒的方式。这一回鳡鱼倒是游过来了，但是吃食效果还是不理想，难度很大。"

人工繁殖"水老虎"幼鱼

想要改变鱼的食性很难，后来江从胜就琢磨既然饲料它不吃，那能不能吃死鱼呢？冰鲜鱼的成本比活鱼也低很多。

江从胜："于是我又搞了一个实验，把死鱼、活鱼掺杂在一起用来喂食。"

江从胜决定驯化鳡鱼，他从几厘米长的小鳡鱼入手，用活鱼饵把鳡鱼引到固定的地方，让鳜鱼习惯在固定的地点吃食，经过试验，他发现这个方法似乎可行。

江从胜：“那时塘里已经没有小活鱼了，在抛洒的过程中，小鳜鱼从四面八方游过来，吞食活的饵料鱼。我不停地抛洒，鱼来得很多，开始抢着吃了，效果很好。”

慢慢地江从胜就将活鱼、死鱼一起往河里抛，他惊喜地发现小鳜鱼竟然把刚入水的死鱼，也当成了活鱼一口吞了下去。就这样江从胜一开始是活鱼多死鱼少，慢慢地活鱼减少，死鱼增多，到最后全部使用冰鲜鱼后，鳜鱼也都抢着吃。

江从胜：“整个过程只用了三天的时间，就都驯化过来了。”

江从胜人工繁殖、驯化鳜鱼成功，让向建国感到非常高兴，因为环境被改变等一些因素，如今野生的鳜鱼已经濒临灭绝，而人工繁殖的成功也是对物种的一种保护，而且他还有更大的想法。

向建国：“我认为把目前不同水域中捕获来的鳜鱼通过人工孵化，然后进行人工放流，每隔一定的时间，在野生环境中间再找到一批这样的鱼回来做亲本，这样才能对物种的保留、优化起到一定的作用。”

目前，向建国的想法还没有得到实施，因为一直以来人们都认为鳜鱼是一种敌害生物，要人工放流到自然流域中，需要很多人的理解。

不过江从胜现在却感到非常高兴，因为他人工养殖鳜鱼的想法终于实现了。据他估计，照这样发展下去，再过几年产值就将过亿。并且经过饲养之后他才知道，这个家伙没有想象中的那样凶，也不是什么鱼都吃，实际上它们只吃大约为自己身长 1/10 大小的鱼，比这大的鱼它根本不吃。

了解到鳜鱼的这种习性后，再把它和其他鱼混养时，只要稍加注意，也没有任何问题。既然如此，鳜鱼在它原有的水域中，就只是食物链中的一员而已，不过它是处在一个比较高的等级，但是一旦野外的鳜鱼数量越来越少，甚至灭绝的话，很有可能作为它捕食对象的那些鱼的数量就会激增，这同样也会导致生态出现问题的。

（王卫华）

永不缩头的乌龟

龚世平是华南濒危动物研究所的一名研究人员。自从毕业他就一直从事四眼斑龟的研究，但是一次偶然的经历，让他从此改变了研究方向。

龚世平（华南濒危动物研究所博士）："那一次我住在一个苗族人的村子里，苗族人里有很多人都捕了龟来销售，因为我也需要了解一些有关龟的信息，所以就去看看他们卖的龟。结果就见到了这种奇怪的龟，这种龟的头特别大。"

眼前这种龟与龚世平以前见过的大不相同，特别是它的头部几乎占了身体宽度的一半，这使得它根本无法像普通的龟那样把头缩进身体里。当地人告诉龚老师，正是因为这种龟有这样一个憨态可掬的大头，所以人们亲切地称它为大头龟。又因为它的嘴像鹰嘴，所以民间也常叫它鹰嘴龟。

不仅如此，鹰嘴龟的尾巴也比普通龟长很多，与背甲的长度相差无几，个别的甚至还会超过自身背甲的长度，是龚老师见过的所有龟中尾巴最长的一种。

鹰嘴龟灰色的四肢，也缩不到身体里，它的上面覆盖着瓦状的鳞片，而且有锐利的长爪，趾间还有半蹼，这样的一身装备应该既利于陆地爬行，又便于水中游泳。看着鹰嘴龟俨然一个水路两栖的全能战士，给人威风凛凛、非常凶猛的感觉，龚世平觉得它就像一位龟将军。

当地人称之为大头龟

那么它的这身特别装束，会有什么作用呢？

测量长度

龚世平："从观赏角度来讲，具有很高的观赏价值，与其他龟有着明显的视觉上的差异，所以就引起了我很大的兴趣。此外，我对它为什么这么凶，为什么不能人工繁殖等问题也很感兴趣。"

带着这些问题，龚世平开始查找有关鹰嘴龟的相关资料。原来鹰嘴龟是淡水龟中唯一的一种永不缩头的乌龟，主要分布在我国南方等很多地区，学名叫作平胸龟。由于现在在野外已经很少被发现，所以被列为我国的一级保护动物。

可是，要想更深入地研究它的习性，恢复它的种群，又去哪里能够找到它的母本呢？

让龚世平感到幸运的是，在广东的一个自然保护区里，他遇到了同样对鹰嘴龟着迷的钟象景。

钟象景（广东象头山国家级自然保护区管理局高级工程师）："我们行政罚没了一批鹰嘴龟，于是就想用它们来做些研究。因为到目前为止，这种平胸龟的人工繁殖还没有完全过关，我们希望在这方面进行一些研究。如果能够人工繁殖成功以后，我们就可以慢慢地把重新繁殖的种群，逐步放回到大自然里去，增加它的野外种群。"

也就是说，如果平胸龟能够繁殖成功，就可以再把它们放回山林。

钟象景所说的罚没鹰嘴龟的自然保护区，由于地处南亚热带，无霜期很短，雨量充沛，植被茂密，为野生动物的生存和繁衍提供了良好的条件。据当地人介绍，鹰嘴龟曾经是这里的一大种群。

村民："20世纪90年代中后期，我在那里做砍伐工，那个时候这里的龟很多，基本上每个水潭里都有龟。"

记者："您说的是鹰嘴龟吗？"

村民：“是鹰嘴龟，还有那种草龟。”

记者：“那你记忆里从什么时候开始龟的数量开始减少了？”

村民：“大概是从2000年开始，经过七八年的时间，这里的龟基本上就没有了。”

原来就在几十年前，保护区这里还有很多鹰嘴龟。那么这十几年里，这里发生了什么改变，会使鹰嘴龟的数量急剧减少呢？

钟象景：“几十年里，这里建立了一个总共为七级的梯级电站，在当时看来这是一个非常好的项目，可以不用砍树了，又增加了收入，为国家做出贡献了。但是随着认识水平的提高，现在也逐步认识到，这对本地的生态、对野生动植物已经产生了一定的影响。”

为了建水电站，人们将分布在各处的小溪汇集到人工修建的这些沟渠里，再利用山体本身的落差发电。这样一来原来河道里的水量就大大减少了，甚至没有了流动的溪水，难道这就是鹰嘴龟数量减少的原因吗？既然这里有人在野外还抓到过鹰嘴龟，那么这里就应该还有它的种群。但是科学家们能找到吗？

科学研究发现，两栖类动物以及部分爬行类动物对于环境的适应能力往往较差，环境当中一些因素的改变就可能导致它们的数量急剧减少。对于鹰嘴龟来说，它对环境也是非常挑剔的，不仅要求气候湿热，而且要求植被繁茂。此外，它居住的水域必须是活体的水，而且必须特别清澈，哪怕有一点污染，也难以生存下去。再加上它的产卵量又不像海龟那么多，每次也就是产两到四枚

坚硬的嘴

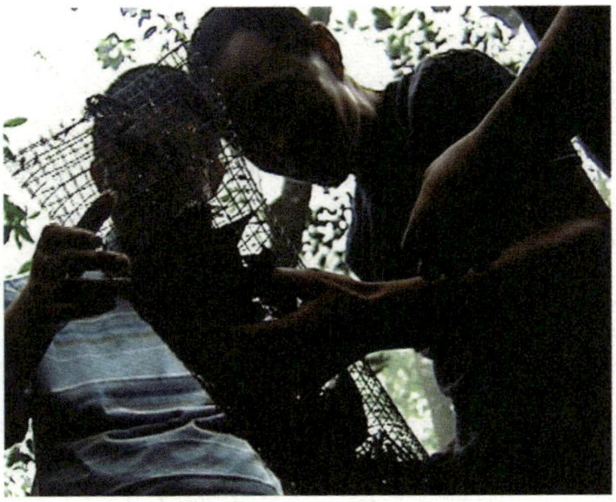

野外找到种群

为鹰嘴龟检查

卵，一年只产一次，因此，它本身产生后代的能力就比较小。所以说，由于它自身的一些原因，再加上环境因素的改变，导致它的数量急剧减少。

工夫不负有心人，在走访了很多地方之后，龚世平发现在野外还是有这种龟的种群存在的，只是数量已经非常稀少。

龚世平："我们可以拿溪流的长度来推算它的密度，现在差不多是五千米才能发现一只，我说它的种群密度下降了一百倍，也是不过分的。如果在20世纪70年代的时候，我认为一千米范围内捕五十只应该是没有问题的。"

为了更好地观察鹰嘴龟的习性，也为了拯救罚没来的鹰嘴龟，龚世平在大山深处建起了一个简单的养殖场。在这里科研人员们为它们建立了尽可能接近自然的环境，同时为了既不打扰它们的正常活动，又便于观察，在养殖池里还安装了可以24小时监控的摄像头。

蓬友红："这些摄像头主要用来观察它们的一些比较特殊的行为，看它有没有交配，或者产卵，以及生病的时候有什么征兆。"

蓬友红原本是自然保护区里的一名普通员工，现在他的一项重要工作就是，为科研人员照顾这几只在保护区里被罚没的鹰嘴龟。在长期的朝夕相处中，蓬师傅对于鹰嘴龟的凶猛留有深刻的印象。每当给鹰嘴龟做检查时，他都会特别提醒其他工作人员注意，如果发现抓在手里的龟脑袋低着，尾巴卷曲着，这个时候千万不要用手指去碰它。因为这时它可能是在等待机会，当你碰它的时候，它会以很快的速度发动袭击，咬住你的手不放。

蓬友红：“我就被它咬过。有一次我看它好像是生病了，看起来精神萎靡不振，眼睛也就是半睁不睁，我伸手在它的嘴边逗弄，想看看它的精神状态。没想到它突然向我袭击了过来，把我的手指咬了一下。”

人们发现，鹰嘴龟一旦咬住猎物就不会松嘴，直到把肉撕断。在研究的过程中，不仅是蓬友红，几乎每个人都有被鹰嘴龟咬伤的惨痛经历。

蓬友红：“平胸龟是淡水龟里面最凶猛的一种，只不过它的这种凶猛是在受到惊吓以后才会表现出来。”

虽然被龟咬过，但是蓬友红认为鹰嘴龟这些凶猛的表现，或许是它在受到惊吓后的应激反应。因为他感到鹰嘴龟和其他的龟类一样也很胆小，见人就跑或是躲起来，这曾给观察工作带来很大的麻烦，所以要想了解它的习性并不容易。

蓬友红：“比如它在岸上，只要听到一点脚步声，马上就会潜到水里，它对人的戒备心还是比较大的。”

那么，在没有人类干扰的正常情况下，鹰嘴龟就不会这样凶猛了吗？它的鹰嘴以及锐利的长爪到底会起到什么作用呢？

科学家们对此进行了一个试验。

首先他们在鹰嘴龟的水域里放入一条泥鳅，只见它很轻松地就把泥鳅吃掉了，于是科学家们又放入更多的泥鳅和虾，也很快都被吃掉了。

看来，对付小的鱼虾，对鹰嘴龟来讲实在是太轻松了。

那么，面对比它头部还大的青蛙，它又会是什么反应呢？

对于青蛙不停在自己头上踩蹬，鹰嘴龟似乎有些无动于衷。人们可以想象，如果是一只普通的乌龟，当它的头部遇到外力袭击时，一般都会立即缩头，躲到背甲里。但是鹰嘴龟的头太大了，根本没有办法缩到背甲里，好在它有一个完整坚硬的盾片护住了整个头部，而它缩不到背甲里的四肢和尾巴，也都披有坚硬的鳞片。正是有这一身严密的铠甲保护，鹰嘴龟面对青蛙不断地蹬踩，才会无所畏惧。

然而接下来发生的事情，却让人们见证了鹰嘴龟凶猛的一面。

凶狠的鹰嘴龟

龚世平：“它突然就像老鹰捕食那样，抓住青蛙，用嘴很容易就把青蛙的肉撕开并吃掉。同时我们还发现，螃蟹也是它的主要一种食物。”

鹰嘴龟虽然能吃掉比自己的头还大的青蛙，但是毕竟青蛙的身体是软的，而螃蟹有坚硬的外壳保护，特别是那两个大夹子，很具有攻击性，鹰嘴龟怎么可能以它为食呢?

为了观察鹰嘴龟和螃蟹共处一个环境时，它会发生什么反应，工作人员们爬到山上，找到与鹰嘴龟生活环境相近的池塘，在这里他们很幸运地发现了几只小螃蟹。说是小螃蟹，其实它们的个体比鹰嘴龟吃掉的青蛙还大，而且它们

捕食青蛙

制作围网

准备逃跑

身上的壳很坚硬。

那么，当鹰嘴龟遇到它时会怎样呢？

与青蛙不同，螃蟹凭借自己坚硬的背壳，用具有攻击性的两个大钳子，与鹰嘴龟展开了对决。鹰嘴龟对待这个强悍的对手也是充满了戒备。

经过双方反复的对视、撕咬，最终螃蟹被咬下脑袋。

这样凶狠的一种动物，养殖起来却是非常艰难，对此，研究人员大伤脑筋。

为了增加鹰嘴龟的交配繁殖机会，研究人员们将三只雄龟和三只雌龟放到了一个池子里。但是他们很快发现，鹰嘴龟凶猛的个性，几乎让人工繁殖变得没有可能。

邓杰明（技术员）：“这六只龟是在秋天救护回来的，我们从相关的资料上看到，当时正是它们的交配季节，于是就把它们六个放在一起。没想到一个月以后我们发现，这几只龟之间打斗严重，有的龟的背甲、尾部已经基本上全被咬坏，尾巴也受到了比较严重的创伤。”

为了避免鹰嘴龟之间致命的打斗行为，工作人员们决定用网子将它们分隔开。但是新铺设的网子会管用吗？

龚世平：“在人的一般认识里，觉得龟爬不了直板的墙，所以当时我们以为用直板墙能把平胸龟给拦住。”

但是第二天，当人们检查监视器录像时，

身体适合各种环境

却惊讶地发现，直板墙已经被鹰嘴龟们咬坏。不仅如此，蓬师傅在养殖场边几乎是绝壁的岩石上，竟然发现了正在逃跑的鹰嘴龟。

龚世平：“放了一个晚上，所有龟都乱跑了，因为它们都能轻易地越过人工架设的网子。后来，我想到用玻璃板来隔挡，因为玻璃是光滑的，它没有地方抓爬，这样才算把问题解决了。”

虽然打斗的现象得到了缓解，成活率也大大提升了。但是当研究人员将一雌一雄的两只鹰嘴龟相互靠近时，看到它们这凶狠的样子，很难想象它们将如何交配。

龚世平：“我们对这种龟研究了这么多年，也有很多人在做人工繁殖的尝试，但是到目前为止都没有成功。”

虽然人们现在还没有揭开鹰嘴龟繁殖的秘密，但是从给鹰嘴龟做的 X 光体检片子上，科研人员还是发现了龟妈妈怀孕的迹象，这也给人们的继续研究建立了信心。

据一些爬行动物的爱好者们说，鹰嘴龟在所有龟类里算是比较高档的，它的攀爬能力极强，差不多算是龟里面最强的。可是，鹰嘴龟太难养了，因为它必须要在热天和冷水的环境下才能存活，也就是说室内温度必须要达到夏天的标准，而水的温度还必须要低。由此看来，它对环境真的是太挑剔了，因此想要大规模地人工繁育和养殖确实不容易。

所幸，现在这方面的研究工作已经有了一点起色，我们期望这项工作最终能够大获成功，毕竟鹰嘴龟已经成为一种濒临灭绝的动物，只有这样，才能使这个种群繁衍下去。

（秦雪竹）

拯救黑山贼

广西壮族自治区桂林市小涔水村是一个普通的小山村，那里四面环山，一年四季都是绿树成荫，村里只有十几户人家，平日里显得非常安静。可是 1 月 5 日那天，几个不速之客的到来打破了小涔水村的平静。

黄庭界是小涔水村的村民，1 月 2 日一大早，他发现自己家的鸡棚里满地鸡毛，土鸡竟然一下子少了 6 只。而盛米的大缸也被打碎，里面的米所剩无几，会是谁大半夜的来把鸡偷走了呢？满地的鸡毛让他想到了经常在山上出没的野猫和黄鼠狼，于是他设下了机关——铁猫夹。

第二天凌晨，一阵奇怪的嚎叫声打破了村庄的宁静，那声音就和女人的喊叫声一样。

让黄庭界意外的是，被铁猫夹夹住的不是野猫，也不是黄鼠狼，而是一只小熊。

这只小熊看上去还不到一岁，看到它，村民们都感到很新鲜。

灵川县位于桂林的北部山区，在 20 世纪 80 年代的时候，这里的黑熊资源非常丰富，可是由于人类对自然的破坏和捕猎行为，熊越来越少，小涔水村附近已经有几十年没有出现过熊了。这只小熊怎么会突然出现呢？

黑山贼

范丁一（桂林市林业局野保科工作人员）：“20

黑山贼的腿被
夹子夹到

世纪90年代以后，随着一些自然保护区的建立，以及老百姓对野生动物保护这个概念的了解，许多动物的资源，比如熊类资源逐渐在恢复性增长中。这几年明显地看见熊类的数量和活动的范围比以前增大了。

黑熊是杂食性动物，它们的食物以植物为主，喜欢吃各种浆果、植物嫩叶、竹笋和苔藓，当然了，如果有大鱼大肉，它们也不会拒绝。山上的保护区里植物多，成片的竹林和原始树林是最适合它们生活的，而且作为野生动物，它们会尽量避开人类而活动的，不过这只小熊怎么就偏要跑到村子里来捣乱呢?

范丁一：“桂林地区整整一个月的时间，都持续在0℃～2℃之间的冰冻天气，在高海拔地区，小熊寻找食物十分困难，只能往低海拔的地方走，往靠近居民区的地区走。”

连日的冰冻迫使小熊也只能冒险下山来闯一闯了，没想到竟然失了手。眼下当务之急就是要尽快把它脚上的夹子取下来，否则不仅腿上的伤会越来越严重，寒冷加上饥饿恐怕会威胁到它的生命。

麻醉恐怕是制服它最好的办法了，因为它的内心已经被恐惧充斥着，人无法轻易靠近它。

小熊不停地呻吟着，仿佛在呼唤着妈妈，它的妈妈去哪了呢?

范丁一：“每年冬天的12月到1月是熊繁殖生殖的季节，前一年出生的熊到这时候基本上就要脱离母熊，独自生活了。母熊将小熊带下山来觅食，如果食物不够充足，母熊会主动地把小熊放在一边，让它独立生活。”

小熊婴儿般的声音，仿佛是在做着最后的抗争，渐渐地，它似乎有些力不从心了。

大家刚松了一口气，突然有人又在附近的柴火堆里发现了一只小熊，它们俩又是什么关系呢?

范丁一：“这两只小熊的重量都在15～20kg，一大一小。小的是一只公熊，

15 千克以上；大的是一只母熊，将近 20 千克，它们应该是同一胎生下来的。

原来姐弟俩都被夹子夹住，凭着力气大，连夹子带铁链一起从地下拔出，逃出了鸡棚，可是在逃跑的路上，夹子和铁链制约了它们的行动，将它们困在了不同的地方。

两个小家伙都获救了，可是被装在袋子里它们好像有些不愿意。

看到这里，可能有人会问，熊不是要冬眠吗？天冷了它就不吃东西，往山洞里一趴，睡足一个冬季再出来，这两只小熊怎么还会下山偷吃的呢？

其实，北方的熊冬眠属于深冬眠，不再活动，而南方的熊属于浅冬眠，或者是半冬眠时期，当它感觉能量不够了，就要去野外重新找食物补充能量，因此就来到了老百姓的家。

被麻醉的黑山贼

现在，两只小熊已经脱离了危险，不过，接下来更让人头疼的问题又出现了。

大自然才是小熊生活的天堂，它们似乎并不甘

被捉获的黑熊

放归黑熊

心待在笼子里，是不是应该马上就还它们自由呢？可是目前野外食物匮乏，何况它们脚上还有伤。

蒋志刚：“在野生动物受伤的情况下，如果有人能够对它进行救治，生存机会就比它们单独在野外要大。由于南方比较湿热，它们的伤口很有可能会发生感染，严重的时候甚至导致败血症，引发死亡。”

可是，如果让它们在笼子里度过两个月，过着衣来伸手饭来张口的生活，只怕它们的野性就会慢慢丧失。当务之急就是要为小熊寻找一个能够运动的场所。

在寻寻觅觅中，半个月后，两只小熊终于在桂林最大的东北虎繁殖基地——熊虎山庄拥有了一个家。看到这么多树，小公熊似乎找到了野外的感觉，它兴奋地向一棵小树跑了过去。

在野外，熊很喜欢爬树摘些果子吃，晚上的时候还可以在树上休息，这会让它们觉得很安全。

可是，也许是半个月没有运动了，也许是它的妈妈还没有来得及教它上树的本领，小公熊显得有些笨拙。这可急坏了范丁一，熊连树都上不去，将来怎么在野外生存啊？经过几次失败之后，小公熊主动放弃了，这该怎么办呢？

范丁一：“引导小熊要循序渐进，它一下子爬不到树上去，我们就用一些它喜欢的食物，比如蜂蜜来引诱它，让它练习爬树。”

这个年龄正是小熊跟着妈妈学习本领的时候，可现在这个重担落在了人的身上。显然小公熊对蜜糖非常感兴趣，一步、两步，它终于爬上了树，看着它摇摇晃晃的样子，大家不免为它捏了把汗。

突然，小公熊回头向下望了一下，这一望可不得了，它吓得尿都出来了。看着胆怯的小公熊，工作人员考虑要不要给它铺点什么东西防止它掉下来。

范丁一：“野生动物上树也好，爬高也好，都是它的一种本能，它可以自然地慢慢地练习，没有必要人为地去干涉。如果像婴儿一样保护它，对它的野化没有什么好处。”

很快大家就知道，自己的担心是多余的，小公熊很快就适应了，还不时摆出个姿势来向大家炫耀一下，这次它在树上可是玩了个痛快。

玩了半天，它才想起姐姐来。姐姐去哪了呢？

与贪玩的小公熊不同，小母熊比较喜欢干净，半个月没洗澡了，这回可得好好地洗一下，这恐怕是它被夹子夹住以来过得最爽的一天了。

熊在野外游泳是必不可少的一项技能，而水里的鱼则是它们不可多得的美味。

两只小熊各自找到了自己的锻炼方式，该是人们远离它们的时候了。

范丁一：“以前在我们保护区也有过这种例子，将还没有断奶的小猴子人为哺养长大以后，再想往山里面放生的时候，怎么都放不掉了。因为它已经丧失野性了，所以它自然而然地认为，自己不属于野外的群体，它跟人就像朋友一样，和人在一起有吃有喝，到了山里却没吃没喝。”

还有一只被好心人收养的小熊，人们每天给它喂奶，它的伙伴就是一只小狗。可是小熊长大后，人们却发现，它很难离开人、离开它的狗伙伴了，想让它重新回到大自然的怀抱恐怕是难上加难了。

小熊的野性在恢复，野外生存本领在不断提高，可是这离放归标准还差得远，因为野生动物要与人保持一定距离才能真正适应野外的生存，否则它们极有可能再次落入人手，而下一次就未必有这么幸运了。

黑熊吃蜜

黑山贼和小狗玩耍

黑山贼栖息地

黑山贼游泳

所以，下一步就是要在它们继续恢复野性的同时不再亲近人，这该怎么做呢？

从这以后，人们开始很少进入熊的领地，每天只是丢给它们一些竹笋和胡萝卜，为了巩固它们的捕食能力，范丁一在园子里绑了一只鸡，让它们自己捕食。可是没想到，因为偷鸡而被抓的小熊，竟然会被鸡的叫声给震住。

范丁一：“白天的鸡和晚上不一样，晚上的鸡怕黑，它没有那么凶悍，所以熊抓到它，一口就咬下去了。可是现在是白天，鸡开始反抗，加上熊本身也有点胆小，看见鸡这么凶，它也怕，就往边上跑，而不去主动捕食。”

几番折腾后，两只小熊看来确实决定放弃了。可是它们没想到，范丁一又放出了蛇来吓唬它们，广西野外处处都可能遇到蛇，它们之间会出现一番搏斗吗？

蛇和熊互相对视了一会之后，互不理睬，各做各地去了，野生动物是不会做无畏的争斗的。经过了这番惊吓，小公熊又想起了那只鸡，或许它觉得跟蛇相比，鸡算不了什么。

黑山贼捉鸡

经过几次试探，它发现原来鸡叫也不过就是那么回事，于是它慢慢地将嘴部探了上去。

而小母熊似乎顾不上吃鸡，它用嘴不停地拱着一个树根，它在忙些什么？原来，树根部有一个蚂蚁窝，里面充满了蚂蚁的蛋。对于熊来说，这些东西能吃吗？

蒋志刚（中科院动物所研究员）：“对于黑熊来说，水果、花、叶占据它的食物类的绝大部分，同时它也吃肉，因为所有的动物都必须补充蛋白质。”

蚂蚁蛋可以补充黑熊所需要的蛋白质，而蚂蚁则会在黑熊肚子里爬来爬去帮助它消化，看来小黑熊把自己照顾得还真不错。

很快两个多月就过去了，广西的三月已经是春暖花开，是让小熊重新回到大自然的时候了。可是令人意想不到的事情发生了，两只小熊由于长期不与人接近，见到人的到来，它们显得有些慌张，小公熊嗖嗖几下直接爬到树上说什么也不下来了。

范丁一：“由于树下围观的人太多，小熊感到很害怕。”

可是，该怎样才能让它下来呢？

由于不知道人们到底要做什么，食物的诱惑此刻已经完全不起作用了，恐惧占据了上风，该怎么办呢？

黑山贼与蛇

一波未平一波又起，小公熊还没有下来，小母熊大概也是害怕再次被人们关进铁笼，也悄悄地溜到了水里，远远地离开了人们。

两只熊都采取了自己的方式来躲避着人们的抓捕，这样耗下去放归就无法进行了，该怎么办呢？

于是，大家开始摇晃树枝，他们想让小公熊在摇晃的恐慌中忘记对人的恐惧，这招能管用吗？

随着树摇晃得越来越厉害，小公熊终于撑不住了。

而母熊那边相对来说更加麻烦一些。因为水池太大，人们跟着它跑来跑去，却完全掌控不了它。突然，它停在了水池的一个角落里，抱着柱子奋力地向上爬，原来它想逃跑，这时候，梯子、竹竿、网子全部被派上了用场，很快就将它抓捕回来。

不久，两只小熊就会回到它们所向往的大自然，而大自然也同样需要它们。

这就是两只小熊将来生活的地方——桂林市猫儿山自然保护区，在这里它们可以找到许多同伴。现在，小熊已经迫不及待了，它们是如此渴望自由。

一转眼两只小熊便跑得无影无踪了，同时一起放生的还有从餐馆缴获的数十只野生动物，锦鸡也许会成为黑熊今天的食物，而斑鸠也许会成为老鹰明天的猎物，这就是大自然的生态平衡。

两只小熊再次回到自然，而这次放归也令大家都很放心，因为两只熊野性十足，完全可以适应野外生存。

救助动物也是需要科学的，不要把它们当宠物，这样才是真正对他们好，它们应该生活在自己的家园，这就是自然规律。

（赵怀瑾）

蚂蚁特攻队

三月，正是春暖花开的季节，但在云南省普洱市的松树林中，人们却发现一种非常可怕的虫子正在迅速蔓延，它们昼夜不停地啃食着嫩绿的松针，几天时间整片的山林就被它们全部吃光。更可怕的是，人的皮肤一旦碰触到它们浑身长长的毒毛，轻的红肿溃烂，重则四肢疼痛。那么，这究竟是一种什么虫子，它为什么会突然间爆发成灾呢？为了控制虫害，当地人想尽了各种办法，但无论怎么努力，每年开春时节它们都会卷土重来。就在人们万般无奈之际，有人却提出了一个新奇而又大胆的想法：能不能让小小的蚂蚁，成为对付这种可怕虫子的一股特殊力量呢？

1. 人虫恶斗

这个冬天比往年都要暖和，在云南省普洱市的一片松树林中，正在割松脂的村民突然发现了一个奇怪的现象：高高的松树上，四处都挂满一种白色的“小灯笼”，而将它们的外壳剥开后，里面是一条条还在蠕动的蛹。村民们虽然感到有些奇怪，但谁也没有想到，一场可怕的灾难已经埋下了祸根。

转眼就是春暖花开的三月，人们却惊奇地发现，仿佛一夜之间，松树林里

可怕的虫子吞食松针

就出现了一种非常可怕的虫子，它们拼命地吞食着刚长出来的松针，遍布全身的毒毛，更是异常可怕。

村民：“毛擦着你的手，一下就起大疙瘩了。”

村民：“皮肤不好的会烂掉，全身上下都会爬满。”

贪婪的虫子日夜不休地吞食着松针，短短几天，它们的个头就越长越大，整片整片的松树林已经被它们占领。情急之下，村民们开始想各种办法来对付它们。

村民：“别人给我出了个主意，用石灰搅成水，来喷杀。”

除此之外，人们还用刷子把石灰水涂在树干上，想通过这样的办法来控制虫灾的蔓延，有些人则想让饲养的家禽来对付虫子，但鸡鸭对这些毛茸茸的东西根本不敢下口，所有的努力全都收效甚微。此时，大量疯狂的虫子已经将一些树的松针全部吃光，松树开始渐渐枯死。

童清（云南省普洱市森防站站长）：“松林被危害以后，呈火烧状，叶子都被吃光了，远远看上去就像被火烧过一样。”

单棵树上的害虫要是超过 300 条，就已经是重度虫灾。而这回，有些树上甚至爬满了四五百条张牙舞爪的虫子，无奈的村民只能用各种方法来对付树上的虫子。这时，另一个问题又出现了。

童清：“有的人吃了野生的蘑菇，由于蘑菇里边带着毒刺，吃到肠胃后，有的损害到眼睛，有的损害到脚、手，危害都是挺严重的。”

那么，这种可怕的虫子究竟是何方神圣？当记者赶到云南省林业有害生物防治检疫局时，工作人员已经认出了它们。

刘宏屏（云南省林业有害生物防治检疫局局长）：“它个体比较小，它的毛是褐色的，从这些特征上来看很好区别，在普洱市它们主要出现在思茅松上。”

这种虫子名叫思茅松毛虫，属于昆虫中的鳞翅目枯叶蛾科，生长迅速而且破坏性极为惊人。可是，往年也曾出现过的思茅松毛虫，为什么会在今年爆发成灾呢？

刘宏屏：“我们的森林结构不合理，比较单一，相对于大面积成林而言，这个病虫灾害就比较严重。”

松树在云南省所有树种中分布最广，连续几年的暖冬，也使越冬的幼虫死亡率变低，加上防治措施不得力，所以开春后才造成了这次多达百万亩的面积爆发虫灾。尽管如此，林业部门还是阻止村民像往年一样使用化学杀虫剂。

刘宏屏：“大量的化学农药使用以后，虽然它可以很快地扑灭这个松毛虫，但是对环境的污染比较大，只能在短期起到作用，长期来讲，还是控制不了这个松毛虫。”

童清：“杀死松毛虫同时也把它的天敌给杀害了，造成了年年防，年年却都有大危害的恶果。”

往年幸存下来的松毛虫，似乎也已经适应了杀虫剂。这次大规模地卷土重来，可以说是重新开始向人类示威。

思茅松毛虫是松毛虫中的一种，也叫赭色松毛虫。既然它是一种昆虫，那就要分成卵、幼虫、蛹和成虫阶段。松毛虫长大之后变成扑棱蛾子，它的幼虫就开始危害森林了。这个幼虫吃树叶疯狂到什么程度呢？根据江苏省的一本写于明万历十七年的地方志详细记述了松毛虫毁坏山林时的场景：松毛虫来了之后山上是飕飕有声，人们管它叫树蚤，像吸食人血的跳蚤一样可恨。松毛虫本身无论是成虫还是幼虫，扩散迁移能力都特别强，特别容易成灾。不仅如此，松毛虫不仅危害森林，它的毛如果粘到人身上，人的皮肤马上就会红肿溃烂，如果它的毛顺风飘落到水潭中，还会污染到我们的水源。1979 年，我国某省爆发了大面积的松毛虫灾害，有 5 万多人也得了松毛虫病，可见这个东西真的是危害一方啊。那么面对它我们该采取什么样的措施呢？从古至今人们采用了太多的办法，尤其是松树比较多的地方，像普洱地区，一旦爆发松毛虫虫灾的话，经济损失可能会上亿元，老百姓也好，政府也好，都是非常头疼的。

虫灾还在迅速地蔓延，无奈的村民开始采取一种最为原始的灭虫方法。

记者："您抓了多少条了？"

村民："有一两百条了。"

记者："好抓吗？"

村民："好抓。"

一旦捉到了虫子，人们就将它们一袋袋倒进油桶里进行焚烧，但这样的方法显然治标不治本，虫灾迫在眉睫。这时，林业部门购进了一种 CPV 生物环保制剂。

刘宏屏："这个病毒取之于林间，是自然的，对控制松毛虫的效果很好，对环境、对人畜危害很小。"

这种环保制剂被大量喷洒后，地面上到处都是松毛虫的尸体，眼前的虫灾似乎得到了有效控制。但是冬季很快又来临了，树枝上再次挂满了白色虫茧，人们这才明白，一场旷日持久的战争刚刚开始。成蛹后的松毛虫今年不会再直接破坏松林，但更可怕的是一旦成虫破茧而出，每只雌蛾将产卵 2 ~ 5 次，每次少则几十粒，多则 900 多粒。也就是说，明年的松毛虫将成百上千倍增加。为了消除后患，林业部门开始组织人们进行人工防治。

刘宏屏："人工防治就是请工人上山捡松毛虫的茧包，捡到后进行处理。"

捕捉到的虫茧被堆在远离森林的地方焚烧，仅仅第一天，人们就焚烧了 300 多千克的松毛虫虫茧。随后的几年时间，尽管人们在做着各种努力，普洱市一直陷入与思茅松毛虫的消耗战中。

童清："我们普洱是云南省林业有害生物的重灾区和多发区，每年松毛虫害的发生要到 60 万亩以上，多的年份达到了 100 多万亩。"

松毛虫的危害一天比一天严重，随着虫灾的持续发生，越来越多的人主动加入了这场没有硝烟的战争，西南林学院森林保护学教授徐正会就是其中的一个。由于长期从事蚂蚁分类学的研究，徐正会几乎走遍了云南省的所有森林。

与别人不同，在得知松毛虫一天比一天猖獗后，他并没有想着直接上山抓虫，而是突然想起了曾无意中见过的一幕。

那是一个阳光明媚的下午，一只小蚂蚁叼着食物高兴地往家跑去。在它的身后，一场杀戮正在进行。数十只黑黄相间的小蚂蚁正齐心协力地进攻着一条奄奄一息的松毛虫，而同伴还在不断地赶来。训练有素的它们分工合作，有几只专门负责进攻猎物的脑袋，看起来似乎有些困难。但没一会，它们成功了，松毛虫的脑袋竟然被生生地咬了下来。小伙伴们看起来也有些兴奋，为了将庞大的猎物搬运回家，两只小蚂蚁一前一后开始用力。很快，庞大的猎物就被拖走了，这将是它们好几天的美食。

蚂蚁能够吃松毛虫，徐正会的脑海中冒出了一个让他有些兴奋的想法。

徐正会（西南林学院森林保护学教授）：“西南林学院是搞森林培育、经营和保护的机构，我们希望能够把蚂蚁用在森林的生产环境里，利用热带、南亚热带的蚂蚁来防治林木害虫。”

如果能让无数的蚂蚁来主动攻击松毛虫，不仅可以节省大量的人力、物力，又避免了杀虫剂污染环境，可以说是一举两得。但是当他提出这个大胆的设想后，却立刻遭到了别人的质疑。

生物界本无有害也无有益这种说法，也就是没有我们所说的益虫害虫。这无非是我们人类按照自己的好恶，以及它们对我们有没有好处来这么划分的，从这个角度讲松毛虫是当之无愧的害虫了。但即便是害虫，如果我们把此类生物全部消灭的话，又会看到大自然是如何报复我们的，因为生态平衡同样被破坏掉了。在经历了多次的尝试和失败之后，人类终于想到了生物防治这样一条途径，比如说我们在内蒙古河套地区就曾经引进大斑啄木鸟，对付穷凶极恶的光肩星天牛，获得了

蚂蚁能吃松毛虫

极大成功。对于松毛虫而言，什么会是它的天敌呢？杜鹃、喜鹊、赤眼蜂、寄生蜂等这些都是它的天敌。比如说在日照市，人们就驯养灰喜鹊来对付松毛虫，取得了相当好的结果。这样做的话，我们既不会把这种所谓的害虫消灭干净，同时又能把它们的数量控制在适当的范围之内，保持了生态的平衡。可喜鹊是长期留居在东北、华北地区的一种平原鸟类，不适合云南地区，看来这个办法行不通，所以人们就想到了蚂蚁，对蚂蚁也有人提出了不同的看法。

有人认为，虽然徐正会曾经看到过蚂蚁攻击松毛虫，但他的这个设想显然有着一个致命漏洞，因为蚂蚁是种杂食性昆虫。

徐正会："所谓的杂食性就是不但吃植物性食物，还吃动物性食物。"

大自然的淘汰非常残酷，每一只走出家门的蚂蚁总是显得忙忙碌碌，它们都在寻找每一份可以搬运回家的食物。无论是植物的种子、昆虫的残肢，蚂蚁们都绝对不会放过。与一些人类一样，甜食对蚂蚁的诱惑也很大。在不远处的一棵小树上，蚜虫通过刺穿植物的表皮层来吸取养分，而一些蚂蚁则当起了保镖，为蚜虫驱赶天敌。

徐正会："寄生蜂飞近的时候，蚂蚁会用触角把它赶走，作为回报，蚜虫会把蜜露分泌出来，给蚂蚁吃，这也是一个非常好的协同进化的例子。"

只要有甜食的地方，蚂蚁总是趋之若鹜。除了蚜虫之外，它们同样通过保护介壳虫来换取蜜露。出门在外的蚂蚁总是会遇到各种各样的危险，很多时候它们就在路上默默地死去了。而一旦同伴发现了路边的尸体，它们就会毫不犹豫地将尸体搬回家中。

徐正会："蚂蚁不像人有伦理上的情感，它把尸体看作是简单的、自然界的食物来源。你死了，就是食物，就是天然的良好食物。"

恶劣的生存环境进化出了蚂蚁什么都吃的本领。尽管很多人认为，这样的食性将使蚂蚁很难专心去进攻为非作歹的松毛虫，但徐正会却不这么认为。

徐正会："在没有松毛虫的情况下，如果它是松毛虫专属的天敌，它就饿死了。它的种群就跟着松毛虫一起衰退减少，最后就消亡。松毛虫没有，它也没有了。松毛虫再一次传入，再发生的时候，它就起不来。"

一旦发生这种情况，蚂蚁杂食的优势立刻显露无遗。只有先保存了自己的有生力量，才能对敌人发起攻击。多年来对蚂蚁的了解和研究，让徐正会决心着手试一试。但是，一个非常棘手的问题很快就出现了，面对张牙舞爪的松毛虫，究竟该选择哪一种蚂蚁呢？

在人类看来，蚂蚁不仅个头小而且长相相似，实际上它们的种类却异常庞大。在蚂蚁的世界里，已知的种类多达 9 538 种。即便如此，可供选择的蚂蚁种类却仍然不多，因为绝大多数的蚂蚁都住在地面之下。

徐正会：“据我们调查，蚂蚁的蚁巢有好多类。数量最大、最普遍的应该是土壤巢，就是在土底下垂直或者倾斜地到土壤里边去筑巢。”

蚂蚁大家庭的主要成员有蚁后、雄蚁和工蚁三种，它们各司其职又相互合作。由于经常几代同堂，它们的巢穴大都是一座座精美又复杂的地下宫殿，有些甚至拥有上百个房间，每个房间之间相通并且以螺旋状深入地下数米。但是这些精美的巢穴，很显然是不符合要求的。

徐正会：“你到土里边掏一个蚁巢，弄到那边去定植。它也有吃毛虫的，但是这样的蚁巢掏起来就困难了，而且掏出来是一堆土包着。”

既然在地下筑巢的蚂蚁不适合搬家，那么，究竟该选择什么样的蚂蚁，才能给这些越来越猖獗的松毛虫造成致命的威胁呢？

2. 蚂 蚁 杀 手

每年开春，在云南省普洱市，大量可怕的思茅松毛虫都会肆虐成灾。当地人想尽了各种办法，但一切收效甚微。旷日持久的消耗战中，西南林学院森林保护学教授徐正会提出了一个大胆的想法：能否通过人工移植蚂蚁巢穴，让天敌蚂蚁来主动攻击猖獗的松毛虫呢？经过长时间的精心准备后，徐正会和助手冒着被数万蚂蚁叮咬的危险，爬上了高达数米的树上，将选中的乌木举腹蚁的巢穴搬到了事先选择好的地点。但是，蚂蚁世界中一种可怕的杀手却不期而至，惨烈的遭遇战就此打响。尽管个个奋勇争先，但乌木举腹蚁的伤亡异常惨重，它们会不会全军覆没呢？

有人提出质疑：尽管蚂蚁是松毛虫的天敌之一，但什么都吃的蚂蚁将很难专心去捕食松毛虫。不过徐正会却认为，这正好能够在缺少食物时保存自己的有生力量，从而在虫灾再次大爆发时对敌人发起攻击。令人头疼的是，尽管蚂蚁的种类众多，但它们的家大都在地面之下。

那么，究竟该上哪儿找可供利用的蚁巢呢？两年前，徐正会和助手在一座罕有人迹的深山中，曾见到过让人瞠目结舌的一幕。

陈龙官（西南林学院研究生）：“拿着望远镜，先在外面看一下，发现上面黑黝黝的一团。”

望远镜里的景象让人有些不寒而栗：这竟然是一个建在树干上的硕大的蚂蚁巢穴，椭圆状的黑色物体上，密密麻麻地爬满了成千上万只黑色工蚁。

徐正会：“工蚁生来就按照社会化的分工需要挖巢、觅食、作战、保护幼体、为蚁后服务。”

每只工蚁的寿命都不长，在没有其他因素的影响下通常只能存活 3 年。它们被孵化出来后，就开始了忙忙碌碌的一生。为了保护年幼的工蚁、出门觅食和保卫家园等工作，通常都由身体颜色较深的老年工蚁负责。为了进一步观察这种蚂蚁巢穴的内部结构，徐正会他们开始用树枝去捅这个硕大的黑色蚁巢。而这个举动，让整个蚁巢一下子炸了窝。

陈龙官：“蚂蚁数量太多了，全都往下落，地上、树上都是密密麻麻的，一层全都是蚂蚁。”

所有的蚂蚁都明白，自己的家园受到了极大威胁。它们争先恐后地从巢穴里爬了出来，受到惊吓的蚂蚁四处逃窜，而更多的则已经做好了作战准备。很快，它们开始向人涌了过来，由于蚂蚁数目实在太多，并且速度很快，徐正会他们只能选择迅速离开。

人们明白，要想找到合适的蚂蚁种类并且成功让它们搬家，首先要做的就是找到更多的蚂蚁巢穴，只有对它们的生活习惯和居住条件非常了解后，才能做进一步的打算。

徐正会："当时考虑的原则就是第一要有捕食性，要有攻击性；第二是数量大；第三是方便移植。"

说起来容易做起来难，崎岖的山路让他们吃尽了苦头。但工夫不负有心人，随着日子一天天过去，越来越多的蚁巢被找到，他们也总结出了一个规律。

徐正会："由于森林结构的相对多样化，提供的食物很多，这里繁殖的蚁巢很多，密度大。"

普洱市大部分的森林都是单一的树种——思茅松，因此才会使天敌的数目越来越少，最终造成了松毛虫害的大肆泛滥。经过一段时间的寻找和观察后，徐正会的心里已经敲定了准备移植的蚂蚁种类。

这种蚂蚁个头不大，由于通体黑色并且腹部上举，因此被称为乌木举腹蚁。一旦受到威胁，它就会摆动腹部上的毒针进行防御或攻击。乌木举腹蚁的种群数量很大，更重要的是，它们对环境的适应能力比较强。这时候，又一个问题摆在了人们的面前。

徐正会："我们已经了解到哪里有蚁巢、蚁巢是什么种类，以及数量怎么样等问题。接下来我们要找一块地方，这个地方的条件就是不要太冷，蚂蚁到了那里能够存活。"

气温的突然变化对任何一种生物来说都可能是致命的，蚂蚁同样如此。如果让它们一下子从炎热地区搬到相对寒冷的地方，等待它们的只有死亡。冬天又要来临了，松树林里又悄悄挂上了白色"小灯笼"，明年的春天，一场人虫大战是不是又会再次上演呢？经过一段时间紧锣密鼓的寻找后，徐正会终于挑中了一个地方。

徐正会："宁洱县一个叫西萨村的地方，是在沟谷里边，那块地方比较理想。"

这里的气温相对较高，并且有大量的思茅松分布，往年松毛虫的危害也比较严重。在得知徐正会准备正式移植蚁巢后，记者也赶到了云南，想现场记录这个难得一见的场面。第二天，一行人赶到了事先选好的一片森林。这就有一个硕大的巢穴，从目测估计，蚂蚁数量有多达惊人的十几万只。为了尽量防止被蚂蚁攻击，助手穿上了连体防护服，然后用纱蒙住了脑袋，但这一切又能起多大的保护作用呢？

助手敏捷地用手抓住树干，双腿用力，没几下就爬到了距离地面 5 米左右的树干上。在稳住自己的身体后，他将蚁巢所在的树枝锯了下来。

徐正会："不要慌，要稳重一点。"

树下的徐正会有些担心，他不停地冲助手大声喊着话。

徐正会："一定要站稳，不要把绳子锯断，也不要把手套锯破。坐在那个树杈上。"

敌人入侵了，蚂蚁们纷纷冲出家门，但却像下雨一般往树下掉，助手则开始用力锯蚁巢下端的树枝。

徐正会："把绳子的端部系在蚂蚁巢上方，一定要系牢，多绕几道。"

手套和他握着的树干上，已经黑压压地爬满了蚂蚁，而越来越多的蚂蚁也开始进攻他的全身。面对步步逼近的危险，他必须抓紧时间脱身。很快，下方的树枝也被锯断了。包裹着一截树干的蚁巢被稳稳送到了地上，徐正会赶紧将它套进了一个白布袋里，然后将它牢牢系住。这样既能保证其透气性，又能尽

蚂蚁杀手

量减少蚂蚁数量的丢失。一个多小时后，他们赶到了宁洱县西萨村，在山脚下，徐正会却做出了一个惊人的决定：他要切割这个来之不易的蚁巢。

徐正会现在所做的就是要用锯把蚁巢锯成两半，目的是什么呢？让蚁巢一个变俩。大家知道在植物世界中，存在着无性繁殖的形式，比如分生、扦插或者是嫁接，那就是从母体的营养器官中获得养分的来源，然后让自己长出新的植株来。比如土豆，我们把土豆切成几块种到地里之后，就能够长成几棵新的土豆。徐先生想土豆可以这样，蚁巢能不能这样呢？土豆需要土豆芽的存在，那么蚁巢如果生生地分成两个的话，要保证它活下去的一个条件是什么呢？每个巢穴里面必须要有一个蚁后，这一点能不能做到呢？

在蚂蚁的世界里，专门负责繁衍后代的蚁后至关重要。一个蚁巢的兴衰存亡完全取决于蚁后的健康状况，有些蚁巢中能同时生活着好几只蚁后。

徐正会："有四五个蚁后，甚至十几个蚁后。我们这么一切割，蚁后很容易就分散到不同的巢里边，应该能够繁殖。"

按照徐正会的设想，不同的蚁后将率领一分为二的工蚁们独立建巢，从而一次就能实现两个蚁巢的定植。但眼前的这个蚁巢里究竟会有几只蚁后，这个从没人做过的实验又能否成功，一切都是未知数。

徐正会："一般要靠在树干上切，就是用这个树干去固定它，另一半用网兜装上。"

很快，整个蚁巢就被一分为二。

尽管已经一分为二，但是我们并没有发现隐藏的蚁后。由于天敌入侵等原因，在自然状态下，蚁巢也会遭受到类似的破坏。对蚂蚁们来说，这并不是毁灭性的打击，它们将很快找到合适的地方重新修建一个新的家。

徐正会："建这样一个巢也很快，像这么多的蚂蚁如果从一开始做，可能一年就建成了，还是比较快的。"

由于无数的蚂蚁四下逃窜，记者和徐正会都已经被叮了好几口。为了尽量减少蚂蚁数量的损失，来不及判断两个蚁巢里是否都有蚁后的存在，人们急忙将蚁巢兜住，迅速向已经选好的山林进发。

已经选中的是高 4 米左右的一棵阔叶树，这次由徐正会亲自上阵。他决定在树枝分杈处安置蚁巢，这样既方便蚁巢的固定，又符合蚂蚁的生活习性。

徐正会："现在我们把蚁巢挂在这个树杈之上，尽量给它固定了。风吹的时候不摇动，就固定好了。然后把树上这个伤口朝下，避雨，我们希望它在这里重建新巢。"

阔叶树的表皮比松树光滑，更适合蚂蚁的上下爬行。而用网兜兜住的另一半蚁巢，徐正会则用铁丝紧紧固定在了树干上。这时，由于身上的蚂蚁实在太多，徐正会已经被叮了无数口，但树上的他只能咬牙坚持。十几分钟后，他完成了两个蚁巢的悬挂。没多久，一些蚂蚁已经开始顺着树干上下爬动，如果一切顺利的话，被分为两群的蚂蚁将会发展为两个新巢。由于天色已晚，人们决定休整一夜。

第二天一早，天刚蒙蒙亮，徐正会却似乎预感到了什么。他决定回昨天那看一眼，而正是这个临时的决定，却救了所有的乌木举腹蚁一命。所有人都惊呆了！一场残酷的战争正在上演：树干上、藤条上、枝叶上，四处都爬满了一种黄色的大蚂蚁，它们正在向乌木举腹蚁发起猛烈攻击。

徐正会："牙齿很大，个头也大，它一口咬住乌木举腹蚁，乌木举腹蚁就动弹不得，很快就死了，就成为它的食物。在打仗的地方，两军接触的地带形成很惨烈的局面。"

面对死亡的威胁，乌木举腹蚁在拼死反抗。尽管它们毫不畏惧，但由于个头悬殊实在太大，黄蚂蚁已经完全占据了上风，几乎每只黄蚂蚁的嘴里都咬着对方的尸体。

陈龙官："打得挺惨的，看上去是打不过，但是还是从巢里面源源不断地往下派兵。"

由于敌人的火力实在太猛，大量的乌木举腹蚁被堵在了树干的高处，这正是昨天蚁巢被放置的位置。最惨烈的厮杀已经拉开序幕，战场上的乌木举腹蚁只能采取以众击寡的战术，而这个战术也很快起了作用，只要敌人一不留神，它们就会冲上前去死死咬住，任凭敌人怎么挣扎，它们就是不松口。但好景不长，局势很快又被改变了：源源不断的敌人开始从四面八方进行增援，战场上尸横遍野，乌木举腹蚁的伤亡非常惨重。

徐正会："我们不希望发生这样的战争，撕咬是很残酷的。如果相互撕咬，我们的巢可能失败。"

那么，这种凶狠的黄蚂蚁究竟是何方神圣，它们又是从何而来呢？沿着它们来袭的方向，徐正会很快发现，就在不远处的一棵树顶上，有两个树叶包裹成的蚁巢，他的心里一惊：糟了！乌木举腹蚁这回遇上的是蚂蚁世界里可怕的杀手——黄猄蚁。

徐正会："我们挂巢的时候没有发现在这个树冠隐蔽之处有黄猄蚁蚁巢。"

黄猄蚁生性凶猛，在热带地区堪称霸主，在我国主要分布在两广和云南的南部地区。它通体金黄色，上颚异常发达，犹如一对锋利的钳子，而它最厉害的武器，是由腹部末端喷射出的腐蚀性很强的化学武器——蚁酸。

战斗仍在继续。很明显，乌木举腹蚁已经快支撑不下去了，有些死去的举腹蚁甚至还死死咬着敌人不松口。大家明白，如果再不采取行动的话，乌木举腹蚁将全军覆灭。

3. 松毛虫的末日

为了对付可怕的松毛虫，西南林学院森林保护学教授徐正会冒着危险，将硕大的乌木举腹蚁巢穴搬到了松毛虫猖獗的森林中。但由于无意中侵犯了蚂蚁世界里可怕的杀手黄猄蚁的领地，乌木举腹蚁几乎被赶尽杀绝。不过两年前一次意外的遭遇，徐正会却发现，这种更加凶猛的黄猄蚁同样也能攻击松毛虫。那么，如何才能让这两种蚂蚁不再自相残杀，从而共同对付松毛虫呢？这时，松林里四处可见的无数松毛虫卵也预示着，一场惨烈的大决战一触即发。面对狰狞的敌人，蚂蚁们究竟是无功而返，还是将成为一支神奇的特攻队呢？

战争仍在继续，黄猄蚁已经完全占了上风，几乎每只黄猄蚁的嘴里都叼着死去敌人的尸体。眼看乌木举腹蚁难逃厄运，这时候助手提出了一个建议。

陈龙官：“把有黄猄蚁的那棵树给砍倒了，把它的巢拖到一边去，然后把其他的黄猄蚁赶走，我们那个巢才可以存活下来。”

黄猄蚁生性凶猛，它们从不畏惧任何强大的对手，而人们平时又很难靠近它位于树顶上的巢穴，因此助手的建议也不失为一种好方法。但是徐正会却并不同意，因为他曾在一个偶然的机会中接触过黄猄蚁的巢穴，也就是那次，让他有了一个意外的发现。

两年前，徐正会野外考察途经一片森林，突然他看见了一棵被人砍倒的阔叶树，上面有一个树叶包裹而成的圆形物体。

徐正会：“这黄猄蚁都在阔叶树上筑巢，通常都是在高大的树上，因为这棵树被人砍倒之后，我们比较容易观察，发现这蚁巢是用叶片和丝做成的，把叶片连在一起。”

每只黄猄蚁都是劳动的能手，当需要搭建新家的时候，它们就会想方设法将身体搭在两片树叶中间。当距离过长时，它们甚至会互相咬住各自的身体，形成一个锁链，然后拉紧枝叶。

徐正会：“拉到快靠拢的时候，另外的工蚁会叼住幼体，幼体分泌丝，把这个丝来回放，最后形成一个薄膜。这个薄膜就很结实地把两片一拼，连在一起。”

从内而外，许多树叶逐层包裹，一两天的时间就能形成一个结实又轻便的巢穴。而位于下方的蚁巢出口处，许多哨兵在警惕地巡视着，进进出出的蚂蚁都必须经过它们的检查后，方可通过。徐正会有些兴奋，平时很少有研究黄猄蚁的机会，这次正好可以仔细观察。

徐正会：“这个巢不算大，因此蚂蚁不会太多。第一层打开，我们看到这里有大量个体聚集。看到没有，这里有好多幼体，它的这个幼虫在这里。外面的比较新鲜，内部的就有点蔫了旧的。我们再

黄猄蚁

切开一层，它总是一层一层这么垒起来的。”

敌人入侵了，无数的黄猄蚁互相发出报警信号，它们竖起身体，张开虎钳一般的上颚，摆出了一副临战的姿态。

徐正会：“你现在看到我身上已经有蚂蚁上来了。它就要攻击，如果我不穿着这个衣服，我的脖子上、脚上都会被攻击。你闻到一股酸味没有，蚁酸的味道，那就是它已经喷射蚁酸了。”

随着蚁巢被一层层地打开，许多黄猄蚁叼着低龄的白色幼虫四处逃跑。而更多的成员则倾巢而出，向敌人喷射出它们最厉害的武器——蚁酸。

徐正会：“防得了它的硬牙齿，防不了这个化学武器。”

就在徐正会有些睁不开眼睛时，他却有了个意外的发现。

徐正会：“有一片松毛虫的翅膀，我们看到被衔到这里来了。这里，你看搬到巢里来了。”

助手：“哪儿呢？”

徐正会：“这片，这个看到没有，已经被支离，搬到巢里来了，这是一片思茅松毛虫的前翅。”

两年前的这个意外发现，让徐正会萌生了一个新的想法：能不能让更为凶猛的黄猄蚁也加入到攻击松毛虫的行列，从而与乌木举腹蚁协同作战呢？但首先要做的，就是阻止两种蚂蚁自相残杀。

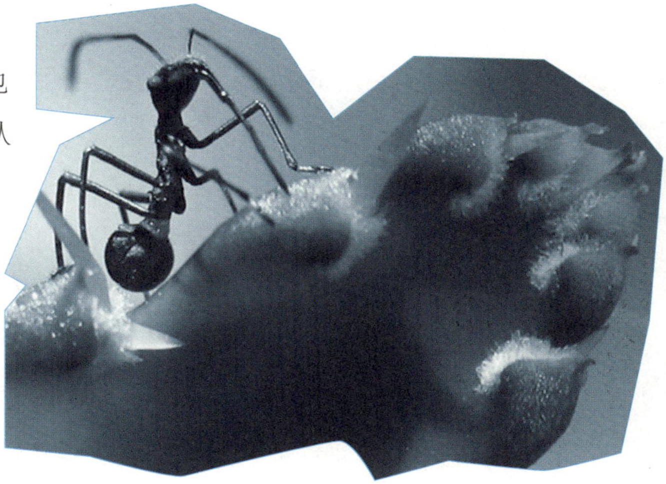

黄猄蚁发出报警信号

徐正会：“就得选择没有其他物种的蚂蚁，没有占领这个树干，一棵安全的树，我们才悬挂蚁巢，相互之间要保持一定的安全距离。”

来不及细想，徐正会赶紧爬上树，将乌木举腹蚁的蚁巢取下，然后重新在森林里找到合适的树木，最后将蚁巢悬挂上去。

早在晋朝的《南方草木状》中，就记载了广东果农利用黄猄蚁防治柑橘害虫的例子，这也是世界上生物防治的先例。而在云南省的西双版纳地区，由于气候温度都比较适宜，因此黄猄蚁的数量非常惊人。

西双版纳橡胶园主：“黄蚂蚁啊？到处都是，这一包那一包，几乎每棵树上都有。”

在西双版纳大量的橡胶林中，几乎45%的树木都是黄猄蚁的领地。一旦黄猄蚁在一棵树上安营扎寨，那么所有的害虫都将无法立足。

这样的场面每天都在上演。一只蟋蟀正在惊恐地挣扎着，它的一条腿被一只黄猄蚁死死咬住。剧痛让蟋蟀拼命地挣扎。几只黄猄蚁尾随而至。经过简单的磋商后，它们分别占据了不同的角度，尽管惊恐的蟋蟀四处躲避，但它的脑袋还是被黄猄蚁一口咬住。虎钳一般的牙齿让蟋蟀再也无法挣扎。没多久，蟋蟀的一只大腿就被卸了下来。最后，昏迷的蟋蟀被黄猄蚁抬回了高高的家里，成了它们的盘中餐。

日升日落，时光如梭。两个月后，徐正会再次来到了宁洱县西萨村，经过仔细寻找后他却发现，移植来的蚁巢里已经空空如也。

徐正会：“我们把蚁巢搬了一个家，它的家就要废弃，老的巢都要废弃了，不要了。它觉得不安全、不结实。”

一些乌木举腹蚁在树干上来来回回，它们在寻找修建新家的材料。坑坑洼洼的树皮并没有让它们举步维艰，它们总是很容易地找到回家的路。

在每只蚂蚁的肛门附近都有一个开口，一种名叫示踪激素的化学物质就从这儿被排放出来。当它们走路的时候，腹部会随机地往地下点，这样就把微量的示踪激素留在了地表，这也就是它们回家时的路标。

有时候离家太远，聪明的蚂蚁也会暂时迷路。不过只要遇上自己的同伴，在用触角互相打过招呼后，它就能重新找到回家的路。

徐正会：“触角上边除了有刚毛，还有感觉的器官。另外还有一些接收信息的，接收化学信息的器官。”

蚂蚁杀手

地面上、树干上、藤条上，到处都是忙忙碌碌的乌木举腹蚁，它们都在为自己的新家添砖加瓦。而就在不远处的一棵树上，一个新的巢穴已经初现雏形。

徐正会：“那么整个这么大的一个群体来建巢的话，事实上半年它就可以建一个30厘米的巢。在一年以后，可以达到40厘米，甚至更大。如果个体绝大部分没有损伤，用它原来的部队来重建一个巢，这样会很快。”

看着自己的辛苦有了成果，徐正会的心里很欣慰。但他也发现，一些松针上已经出现了一串串的虫卵，思茅松毛虫很快就要破壳而出，决战就要来临了。

蚂蚁杀手

每只雌性松毛虫每年产卵2～5次，每次是几十粒，甚至会是900多粒，可以说松毛虫的繁殖能力特别强。河南地区一年大概是两三代，广东地区大概是3～5代，其他省份一般情况下都是两代左右，因此说它一旦成灾就特别可怕。自然咱们的林业部门在研究的同时也没有忘了现实当中的实际行动，组织村民上山从这个树枝上去摘取松毛虫结的茧然后统一销毁。采用了种种措施之后呢，才让松毛虫的灾害并不是一爆发就不可收拾。那么，在现在的这种状况之下，松毛虫它本身是昆虫，它的幼虫阶段也会分成几个不同的年龄阶段，我们用这种乌木举腹蚁来消灭是处在什么时候呢？消灭的就是松毛虫的幼虫的初龄阶段，那个时候这条虫子大概是在1厘米左右。

春天终于来临了，万物复苏。而松毛虫也破壳而出，嫩绿的松针上开始出现它们的身影。和往年一样，它们嚣张地四处游走，并且大口大口贪婪地啃食着新鲜的叶子。而经过一段时间的休养生息，乌木举腹蚁的地盘也已经扩张得越来越大，四处都是它们忙碌的身影。

徐正会："蚁巢筑在树上，它顺着树干下来，顺着一些藤本植物。对蚂蚁来说，只要有一根草，或者一个树枝搭在一起，对它就是一个通道，一个天然通道。"

就在这些通道上，几只松毛虫进入了它们的视野。来来回回的蚂蚁们都发现了不同的目标，它们悄无声息地围了上去。没有过多的试探，蚂蚁一口就咬住了松毛虫。战斗正式打响了，每只松毛虫都遭遇到了举腹蚁的伏击。尽管个头不大，但蚂蚁的力气不小。疼痛难忍的松毛虫拼命地扭动着身躯，有些则慌不择路地想要逃跑。

陈龙官："一般的都会先把松毛虫惊扰下来，它只要咬一下那个松毛虫，松毛虫会自己弹跳，也就掉到了地上。"

而这时，早已埋伏在地面上的蚂蚁就冲上前去，死死地咬住松毛虫，一场恶战开始了。而无数的同伴也正在源源不断地赶来。

徐正会："碰到了食物之后，它会释放一种信息激素。这个信息激素释放出去，其他的个体感受到了，说某个地方寻着这个方向去有食物这样的一个信息，在周围附近的个体就会聚集过来，帮它一起切割食物，搬运食物。"

全民皆兵的乌木举腹蚁逼得松毛虫走投无路。而另一片战场上，黄猄蚁也开始对松毛虫发动了更为猛烈的进攻。和乌木举腹蚁不同，要结束一场战斗，两三只黄猄蚁已经绰绰有余。一旦黄猄蚁的大牙将松毛虫死死按在地上，等待松毛虫的就只有死亡。

蚂蚁特攻队

一个多月的战斗，蚂蚁们大获全胜。

徐正会："现在看就有一定的效果了，有一定的成效，当然不可能很有针对性效果很好地都扑灭了，这不可能。但是可以降低它的虫口，希望形成一个良性循环。”

经过专家们的调查后发现，宁洱县这片森林松毛虫的数量明显降低，数以万计的蚂蚁特攻队功不可没。

（郑酉亮）

寻蚁记

这个村子叫佟子营村，小村庄不大，一百来户人家，本来平平安安，但是最近开始发生了陆陆续续的怪事。村子数十间房屋都发生了裂缝，最严重的从房子的裂缝能看到外边。我们接到消息的时候，村民们说，很多房子都因为过于危险而被废弃了。面对这种情况，所有人都非常害怕，他们也在纳闷，到底是什么原因造成的？事情接下来又会怎样呢？

佟子营村位于河南省南部的驻马店市，村庄依山靠水，一百多户人家世世代代在这片土地上耕种。而就在他们为了生计劳碌的同时，他们的生活居所却已经是岌岌可危。村里十多户房屋无论是旧房还是新房竟然都变成了危房，有的房屋干脆就已经被废弃，村民们忧心忡忡。

村子里现在的情况，还要从三年前说起。在这一天，老张打了一盆井水，准备洗衣做饭的时候，却发现，这间自己住了几十年的房子有点异样。

到了晚上，老张躺在床上准备好好休息的时候，屋子里的情况再一次让他感到奇怪和恐惧。一天两次，房屋里总是会莫名其妙地掉落大片灰尘。仔细看了房屋的墙壁，老张终于看到了无法相信的事情——他的屋墙裂缝了！

从那以后，老张的日子就没有好过。

老张："一进这房子都害怕，小孩也不敢进，很恐惧，怕房子塌下来。"

有几次，老张在墙边看见出没的老鼠，他以为是这些老鼠的洞毁了他的房子，气愤的他将老鼠打死，并且把鼠窝也端了。但是，慢慢地，村里其他人家的房子也开始出现裂缝。人们不禁纳闷，村里有老鼠不是一天两天了，而且数量也没有那么多，说是老鼠洞闹的祸，谁也不信。

最终，老张的房子只能被迫废弃，如今，曾经的居所只剩下长满杂草的破墙。一天接一天，大家都不知道接下来会发生什么样的变化，自己的房子会不会倒塌，就这样，在这样的担心惶恐中，村里的房屋修修补补，有的支撑到了今天，而有的就像老张的家一样，被彻底废弃了。

老张："这个房子有危险，这个旧房也不行了，都是很大的缝。"

房屋裂缝的大面积出现给老百姓带来了很大的压力。他们禁不住去猜测，是不是脚下的土地出了什么问题？是不是要地震了？

2000年河南省（南阳）经历过一次地震，当时驻马店市个别村庄受地震波及，出现了房裂和严重的房倒屋塌。那么这次侉子营村的房裂是否也跟地震有关呢？村民们都清楚，驻马店侉子营村的水质的确会偶尔变得混浊，而且老鼠活动频繁，这看起来似乎都是地震的征兆，证实了地震导致房裂的可能，但是答案真的是这样吗？

看来地震前的预兆的说法并非绝对准确，但是村民们的心还是踏实不下来。为了具体考证，地震专家在村里挨家检查裂缝。

经过调查房屋裂缝的形成时间，专家发现，这些裂痕是在两三年之内陆续形成的。这个线索让他安心下来，给充满疑虑的农户讲出了他的看法。

如果是地震就不会是陆陆续续，而是每次地震，在几分钟之内就给房子造成裂缝，不会陆陆续续；如果是地震造成的，在地震来之前几分钟之内就给毁坏了。

到底是什么让房屋陆续开裂？

现在看来，这个裂缝和地震形成的裂

缝真的是不一样，而且我们知道，根据地震波的大小，地震共分 9 个等级，人类有明显感觉的震级是三四级，造成房屋屋裂的震级也刚好是三四级。驻马店侉子营村虽然水偶尔会混浊，也有老鼠乱窜的现象，但村民没有感觉到地震的震波。加上这一段时间内地震监测台的监测仪器也没有任何的预警，也就是说，地震是不可能的。老百姓听了之后虽然放下了心，房子究竟为什么会开裂，他们还是不知道。这房子好好的，它怎么就开裂了呢？就在大家纳闷地时候，更想不到的事情发生了。前面说到的老张，他的旧房废弃之后，为了一家人安安稳稳过日子，他筹钱建起了新房。然而新房在打地基的时候，又出事了！

老张："当时挖地基的时候，有一个大洞，挖着挖着，就塌了，塌了一个大窟窿。"

大家把窟窿挖开的时候，令所有人震惊的事情发生了：在这个窟窿里面，竟然有一个白蚁的蚁巢！

事情终于水落石出，原来村里的土壤里，白蚁蚁巢造成的空洞太多，使得村庄的地基整体发生了下陷，本来就不是很结实的村屋的墙体就在塌陷过程中开裂了！大家无法想象竟然是这种不常见的小虫毁了他们的房子，活动在南方的白蚁怎么会在北方破坏他们的家园呢？

在我国南方的很多地方，人们都是谈蚁色变，白蚁疯狂啃噬大片树木、房屋的例子屡见不鲜。白蚁体内能够分泌出大量的特殊物质，这些物质能将树木乃至更坚硬的物品的结构破坏，使他们成为白蚁的食物。

林所长："在 10 年前，黄河以北的地方有白蚁，但是不很多，不严重。现在则有许多白蚁，它有三个来源，一是木材里面带来的；二是长翅膀飞，周边飞过来的；三是大的气温发生了变化。"

驻马店气候的变化情况，近几年有向南方的气候靠近的趋势，因为全球变暖，驻马店也在变暖、变湿，所以说对白蚁这些小昆虫的生存比较有利，甚至可以说是越来越有利。

白蚁在温度、湿度都很高的地下才会大面积繁殖，可是驻马店属于北方的城市，湿度温度很难达到白蚁繁殖的要求。驻马店的气候有自己的特殊性，它

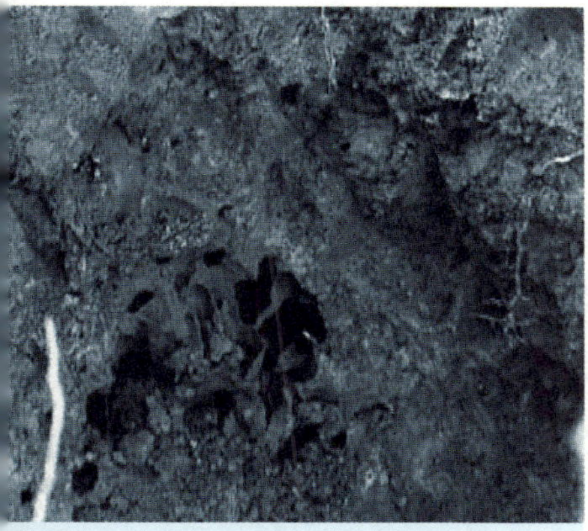

白蚁造成大量空洞

地陷造成墙体开裂明显

处于南北过渡带，兼有南方和北方两个气候带的特点，南方有的灾害性天气例如暴雨、高温，驻马店都曾有过。而且随着全球气候变暖，近十年来，驻马店市的温度和湿度持续增长。就这样侉子营村也具备了适合白蚁滋生的环境。这一切都表明，白蚁的破坏其实在这几十年就开始了，到了今年终于造成了祸害。

村民："它这个房屋如果是在平地上，就是在平原地区，它这个一旦落了窝以后，像这么大的窝它将来发生这个地基下跌，下跌了比如说上次发现农村有一个裂缝，它就是地基下跌，这个房屋压它就裂缝。再有楼房被吃空了以后垮塌。还有现在绿化搞得这么好，树木、草皮长得好好的，一旦沾上了白蚁以后，树木也死亡了，草皮也会被吃光。"

现在白蚁已经使一个村子的土质疏松地基下陷，如果再不治理，很可能会蚁进人退。村民们赶紧开始了与白蚁的正面对抗！

村民："我几晚都没有睡觉，太恶心了。白蚁蹭地一下往上飞，然后就用那个农药，不是有农药嘛，然后就给它洒，洒了之后用火烧，一个挨一个，到处都是，它不是说一个两个就完了，那个都是黑乎乎的，你想多厉害，都是白蚁。"

村民们绞尽脑汁用各种方法灭蚁。原本要把白蚁熏死，没想到，大火点着之后，连地基四周都开始冒烟，人们又开始用水企图淹死白蚁，结果，十几桶水流得无影无踪。大家都很纳闷，这白蚁怎么就这么难以对付呢？

其实，白蚁更多活动在比较湿热的南方地区，像驻马店这样的北方地区的人对白蚁并不是十分了解，也就难怪他们纳闷，为什么找到病根却杀不死白蚁。白蚁的蚁巢远比他们想象的复杂得多。白蚁种类繁多，筑巢方式也不同，有在地上的，有在地下的，还有在木头里的。因为白蚁的蚁巢彼此相连，中间大大小小的蚁道纵横贯通，这样一来，你浇多少水都是没有用的，因为这些蚁巢蚁道非常通畅，完全可以将水排出去。另外，烟熏也不好使，蚁巢除了能排水之外，因为它深埋在地下，所以还有着良好的通风系统。可以说，白蚁的狡猾、巢穴的复杂已经超过了当地村民的想象。

林晚明是湖北省麻城市白蚁防治研究所的所长，他和白蚁打了几十年交道，这一次，他受驻马店市水利局的委托，前来协助进行白蚁的防治。经过他分辨，侉子营村的白蚁叫黑翅土白蚁。这种白蚁喜欢在潮湿的黏土里筑巢，如果巢筑得过大，就会影响地上的房屋，造成房屋裂缝甚至倒塌。

然而，发现的巢穴是白蚁的副巢，要清缴白蚁，清除副巢是不够的，副巢是兵蚁和工蚁的居所，而挖出蚁后所在的主巢才是关键！

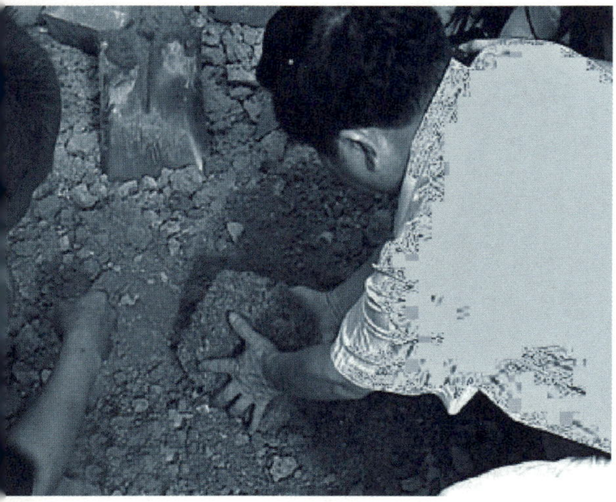

清缴白蚁

白蚁的王国组织森严。一个白蚁群体的个体数量少则数万或几十万头，多则数百万头。在一个白蚁王国中存在着蚁王、蚁后、兵蚁、工蚁、幼蚁、若蚁和蚁卵等各品级的个体。蚁王和蚁后是群落中的最高首领，它们能活几十年，终年生活在由工蚁为其特制的主巢王台内，专营交配产卵，繁殖后代，连取食都有工蚁喂养。只有掐断了蚁后生存的基础，才能使白蚁不会继续危害人类。

那么，蚁后的主巢王台会在哪里呢？

由于蚁后不能移动，需要工蚁喂食，产卵也由工蚁搬运，因此筑巢的位置一定会在距离食物和水源都很近的地方。在佟子营村的旁边有水库和堤坝，专家推测，白蚁主巢一定存在于堤坝之中！

白蚁在堤坝内部筑巢，是因为在堤坝的一边是农庄，那里有丰富的食物，而堤坝的另一边是水库，有丰富的水源和滋润的土层，可以说，大堤是白蚁的天堂。

蚁后

果然经过周密的排查，林所长和驻马店水利部门的专家们在附近的一个堤坝上也发现了大量白蚁筑巢的痕迹。护堤的树木已经被白蚁腐蚀，很多都已经变成空壳。看见护堤树木内一群群的白蚁，专家们非常担心，这种情况会在堤坝内部形成管涌。

管涌可以说是堤坝的隐形杀手。堤坝内部，白蚁不断进行着挖掘，在土层内开通大大小小粗细不同的蚁道，用于运送水和食物。这样长时间下来，堤坝内部就会形成许多空洞，这就是管涌。一旦水位超出警戒线，水就会渗入这些空洞，而因为土壤的稀松，如果处理不当，就会发生土层坍塌，最终导致垮坝，洪水将一泻千里！

受访者："你看下面大片的农庄和老百姓的房子，人民的生命财产安全随时受到威胁和影响，所以说千里之堤，溃于蚁穴，就是这个形式。而且这个还很严重，这个坝上不只一窝，可能有好几窝这样的。"

在我国，由于白蚁筑巢导致大坝土质疏松，加上汛期雨水多造成的溃坝比比皆是。现在不仅南方，就连驻马店这样的北方城市也已经为白蚁所困。为了防止白蚁巢穴规模继续扩大，大家都绷紧了神经，仔细地对每一棵树下的土层进行排查，挖出白蚁军团的始作俑者——蚁后，整体搬出它们的巢穴，用专杀白蚁的药物进行喷洒，再把土回填、夯实。

然而寻找主巢却比预想的难上加难。几天下来，已经挖出来的蚁巢都是呈白色，这些都是副巢，它们是兵蚁和工蚁等生活的地方。主巢上的白色是白蚁的唾液所致，这样的副巢在一个成熟的白蚁王国中可以有几百个，正是它们的错落分散使得地基变得松垮。每个副巢中的白蚁都成百上千，不断地破坏着所到之处的土层。

林所长："这个白蚁很顽固的，它影响到核心墙里面了，对这个大坝影响很大，所以我们非要挖到，这是白蚁的一个老巢，所以不管怎么样，要跟踪追击把它的老巢捣掉。"

挖掘一天天地持续，大家不辞辛苦地找着蚁后的所在。被挖出的白蚁副巢越来越多，专家估计，这个堤坝下面的白蚁王国可能已经构建了十几年，这样的副巢数量至少超过一百个！

专家们用这些树枝在土层中显露出来的孔洞一一试探，一旦发现比较粗深的蚁道，那就意味着主巢很有可能在它的后面。慢慢地，通过不断耐心的试探，这些树枝终于将我们的脚步引向了主巢！

你现在所看到的，就是白蚁的主巢所在的土层。到了这个时候，工人们已经挖掘了三米多深，长度 20 多米，但是蚁后的老巢——王台仍然没有出现。小小的白蚁，如此难以寻觅。它不露踪迹，却能毁坏我们的家园于无形之中。

白蚁王国

树枝，蚁道，挖掘，王台，蚁后。几天下来，大家满脑子都是这些字眼，通过不断地试探，终于找到了不一样的土壤，而这，就是蚁王蚁后所在的主巢！

果然在主巢中，蚁后所在的王台也重见天日，蚁后一直就在这里封闭地生活着。

大家刚想松一口气，却发现蚁后并不在王台里面，大家都很失望，但是林所长却并不着急。

林所长："因为这两天我们挖了以后惊动了它，也可能转移了。转移到哪里去了呢？我们怀疑它可能会藏在这个泥骨架里面，我们现在试试运气看看，哎呀，这么多天，筑巢找到了，'泥落'也搞好了，就是蚁王有点顽固。"

不出所料，受到惊动的白蚁将蚁后搬到了王台的泥土支架中藏匿。而这一次，它已经没有退路再逃跑了，随着蚁后被发现，这个危害村庄的王国也宣告了结束。

林所长："就是它带的那些兵蚁、工蚁、肉蚁、繁殖蚁营建了这个巢穴，损坏了水库的大坝。"

白蚁是一种高龄的昆虫，专家推算，像这种体型的蚁后已经活了至少二十年。这二十年之间，她藏在地下繁衍出的几百万只白蚁，将房屋堤坝蛀蚀得千疮百孔，之前没有发现，是因为它的王国还没有那么大的破坏力，但如果不是及时发现房裂并且把它找出来，对村庄和农田的打击将不仅仅是裂缝那么简单了。

在民间有句童谣，小小白蚁，铜头铁脊。刚刚被挖出来的蚁后已经被泡在酒精里死亡了。旁边小一点像苍蝇一样的就是它的配偶——蚁王。它的大肚子，像个产卵机器一样，要知道，这个产卵机一天能产 1 万粒白蚁卵。而且，这才只是一个蚁后的一个王国，在这个堤坝内部还有村庄里，肯定不只这一窝。由于白蚁在侉子营大量生存繁衍，造成当地土质疏松，加上农民盖的房子相对简陋，所以才会出现房裂现象。现在，农民们开始重新盖起自己的新房，而新房也会更加注重房屋墙体、地基的质量。驻马店市的水利局也和湖北省麻城市的白蚁防治研究所形成了长期的合作伙伴关系，因为白蚁巢虽被挖了出来，可是因为这种生物的种种特性，导致它无法被彻底根除，只能控制，尽量将危害减少到最低。

（郑酉亮）

蚁 战

它身材虽小，却有着惊人的力量；它行动虽缓，却有极强的繁殖能力；许多高大建筑，在它们面前土崩瓦解。这是寻找与吞噬的比赛，这是人与白蚁之间的较量。

今天我们讲的这个故事发生在重庆九龙坡区的西彭镇，近年来，这儿的房子总是莫名其妙地出现破损，最后往往会出现墙倒屋塌的现象，可以说村民们为此头疼不已，这跟地震没有什么关系，那是什么原因会让房子接二连三地倒塌呢？

眼前这座充满着浓浓乡土特色的二层小楼，外表看起来好好的，而实际上，内部早已破败不堪。屋主人三年前曾花钱翻盖过，然而就在一个春寒料峭的中午，房子突然塌陷了下来。所幸家人都在地里干活，没能造成人员伤亡。记者了解到，原来这一切都是小小白蚁惹的祸。

姚大姐（村民）：“你看都吃空了。”

记者：“真是白蚁吃的？”

姚大姐：“白蚁把房梁吃垮了，我们就搬走了，这里就荒废了。”

记者：“花钱可以治呀？”

姚大姐：“花钱治不了嘛！它是从地底下的泥巴里钻出来的，钻到那些洞里面，发现不了。”

谁能料到，这偌大的房屋是被这身材如此娇小的白蚁侵蚀坏的。那么，这小白蚁是靠什么力量把房屋摧毁的呢？

天然木材和干枯植物在白蚁食谱中占有极其重要的地位。它们喜欢生活在潮湿、黑暗的树木中或长有丰富根系的土壤中，长期过着隐蔽的生活，对于木头的破坏，人们很难察觉到，外表看起来完好无损的木头，实际上里面已是百孔千疮，一旦被人发现，损失已是相当严重。

村民：“危害性大得很，树死了，房子被挖空了。”

村民：“白蚁把各个地方都弄垮了，不但垮， 而且都塌下来了。”

小小白蚁给全家人带来了不小的灾难，迫不得已，姚家不堪忍受，举家搬出了祖辈留下的老宅，在离家不远的地方另起炉灶。不仅如此，村里陆续有几户人家因为白蚁的原因都搬离原来的住所，盖了新房子。

然而，这样做，就能真正躲开白蚁的危害吗？事实上，事情并没有到此结束，更大的隐患还在后面。就在一家人新盖房屋院子的树中，又出现了白蚁。

村民：“这棵树被白蚁全都吃空了，就剩一个皮了，这棵树的树龄在 15 年左右，是白蚁从离地里面几十厘米处吃断了。白蚁的危害期是在三年之内，一棵树被它吃断大概只需要半年的时间。”

当地村民对白蚁的恶毒行为束手无策，政府部门最终请来了重庆市长江白蚁防治研究所的人，他们是些有着丰富治蚁经验的技术人员。林云华从事白蚁防治工作已经三十个年头了，在他手里治理的白蚁可以用上百亿只来计算，他负责和指挥挖掘的蚁巢上万吨。他对白蚁的危害再清楚不过了。

白蚁

林所长强调治理白蚁的关键是要清除白蚁的巢穴。一个白蚁的巢穴是由多个副巢和一个主巢组成，它们个体数量庞大。在一个群体中生存着蚁王、蚁后、兵蚁、工蚁、幼蚁等各种各样的个体。蚁王和蚁后是群落中的最高首领，它们能活20~25年，终年生活在由工蚁为其特制的主巢王台内，主要的任务就是交配产卵、繁殖后代。擒贼先擒王，要想铲除白蚁，就必须要找到蚁后所在的主巢。

由于蚁后不能移动，需要工蚁喂食，产卵也由工蚁搬运，因此筑巢的位置一定会在距离水源和植物都很近的地方。

就在林所长寻找白蚁主巢所在地时，他发现不远处的堤坝上也有一群黑压压的小飞虫在狂飞，老林的心立刻悬了起来，经验丰富的他立即意识到问题的严重性。

林所长："一般在四月十几号、二十号左右，白蚁要进行婚飞，分群的时期也是交配时期，雌雄相会后，又可以建立一个家庭。"

小飞虫就是长了翅膀的白蚁，而白蚁本身不同于蚂蚁，有人说它实际上是食木蟑螂的近亲，应该说它和普通的蚂蚁是完全不一样的，但是生活习性有很多地方是非常接近的，那就是到了婚飞的季节，所谓婚飞就是说这个巢里面的雌性和雄性长出翅膀，然后飞出自己的母巢，在空中进行交配，交配完之后，雄性就会死去，雌性找一个地方建立自己的王国，开始产卵，从此一个新的白蚁群就诞生了。按照一般人的理解，似乎这个蚁巢中应该只有一个蚁后，实际上有时候还会有一个二代蚁后，这个二代蚁后是老蚁后的女儿，不过这种现象并不经常发生。林所长对白蚁的可怕是非常了解的，一看到这种场面就马上想到，坏了，坏了，恐怕这群白蚁要婚飞，要跑到别的地方建立新的巢穴了，这样一来，对于大堤来说将是一个非常大的隐患。

这群婚飞白蚁就位于西彭镇的团结水库上，坝长120米的团结水库属于小型水库，平时主要用于灌溉。林云华走到坝体时，还是被眼前的情景吓坏了，因为坝体外坡已经出现了严重渗水情况，这说明坝体不仅藏有大量的白蚁，内部很可能出现管涌。

管涌是堤坝的隐形杀手，白蚁在土层内部会开通粗细不等、纵横交错的蚁道用来传送食物、水和蚁卵，以不断扩大自己的种族数量，长此以往，堤坝内部将形成许多空洞。一旦汛期来临，水库里的水进入空洞，形成贯穿堤坝的通道，就会形成管涌，这个小小的管涌很可能在短时间内迅速扩大，造成整个大坝崩溃。如果水库再不及时整治，大坝内蓄积了将近百万立方的水，将会一泻千里，西彭镇下游生活着的几万人，后果将不堪设想。

在团结水库外坝左边的一片小树林，那里有丰富的食物，而另一边水库有充足的水源和滋润的土层，可以说，这里是白蚁的伊甸园。专家推测，白蚁巢穴一定存在于堤坝之中，并且规模不小。由于白蚁的活动隐蔽性很强，在地表很难发现它们的行踪，所以，第一件事就是要找到白蚁的蚁路。

白蚁是群居巢穴中的昆虫，眼睛由于常驻巢穴的原因早已退化，又由于害怕阳光，除了每年的交配期，它们是绝不敢暴露在地表面上的。如果要活动，比如取食等就必定先修筑蚁道。这些蚁道可以很好地遮盖它们的行踪，而不为人察觉。所以，蚁路一般很难找到。

原来，这窝白蚁是用薄薄的树皮为自己搭建了一条长长的走廊。根据走廊外的这些白蚁的排泄物可以判断，这就是它们的蚁道。所以，林所长认定这里就是主通道。蚁道路线一经确定，挖掘工作就刻不容缓。

白蚁治理的工作重点已经明确，挖掘工作正式开始，技术人员一边挖，一边探测、验证。他们会找一根一尺多长的树条，除去枝叶，深入小孔洞中，取出然后观察、闻气味。枝条上如果有白蚁，叫“缠条子”。被“缠”的树条上有一股酸味，那就是蚁酸。根据缠绕在树条上的白蚁可以判断主巢的位置。

应该说我们现在看到的这种白蚁，跟非洲大陆上的白蚁还是有一些区别的，我们看到的白蚁的巢穴表面上并不是那么明显，专家们把枝条插到白蚁洞之后，根据上面蚁酸味道的浓重判断到底这是一个什么位置，是很有根据的。因为我们知道白蚁是一种社会性分工极强的生物，在它们的群体当中，工蚁占了绝大多数。伺候孩子，照顾好蚁后，建设自己的巢穴，寻找食物，等等，这些最苦、最累的活，永远是工蚁不分昼夜、不辞辛劳在那儿工作，因为它们特殊的工作环境，肯定离蚁后的宫殿要远一些。兵蚁虽然说数量不多，但是它的颚非常厉害，像两个大钳子，很坚硬，它的主要任务就是保护蚁巢、蚁后，它们待的位置是巢穴中最重要的，也是蚁后生存的地方。所以说，拿枝条通下去之后拿出来，

副巢里散落着白蚁

这里是白蚁的伊甸园

上面如果是工蚁特别多的话，不要从这个地方挖，赶快换一个方向，如果是兵蚁特别多，离巢穴就不远了，赶快找蚁后。拿出来之后闻一闻蚁酸的味道怎么样，兵蚁一旦咬上之后，它同时会分泌大量的蚁酸，如果枝条上面的蚁酸味道特别浓重的话，同样也说明兵蚁在这里守护家门，从这里找下去，很快就可以找到蚁后。

刚挖掘不久，技术人员就从坑道中拔出一块像蜂巢一样的椭圆形、灰褐色的东西。记者以为找到了主巢，但专家说："这不是主巢，只是副巢，也叫菌圃。"菌圃是木质的，在它上面布满了工蚁们种植的小菌丝，是所有白蚁王国成员的食物来源地。

副巢是蚁巢系统重要的组成部分，它上面有着一些不规则的小孔，像这种蜂巢般结构的设计使房屋变得冬暖夏凉。它们分布在主巢的外围，起保卫主巢的作用，因为主巢住着神圣不可侵犯的蚁王和蚁后，为了安全起见，它们一定都会深埋在整个蚁巢的最底层。

这样的副巢在一个成熟的白蚁王国中可以有几百个，正是它们的错落分散使地基变得松垮。每个副巢中的白蚁都成千上万，不断地破坏着所到之处的土壤。

三个小时下来，工作人员已经挖出来许多副巢，每个副巢里都散落着星星点点的工蚁和幼蚁，这说明离我们要找的主巢还差得很远。

成熟的白蚁主巢大的有一至二米，它与副巢的区别在于中心的核心部分，那是一种用黏土、白蚁唾液混合浇铸成的奇形怪状的东西，硬度比得上水泥，它就是蚁王蚁后居住的场所——王台。只有发现这个王台，才能抓到蚁后。

挖掘工作已经近5个钟头了，白蚁的主巢还是没有出现，这让在场的所有人都很着急，因为根据挖出来的蚁巢可以判断，这个堤坝下面的白蚁王国可能已经构建了六七年，这样的副巢数量至少还有几十个！

水库坝体被白蚁侵蚀得相当严重，土质已相当疏松，并有大量渗水情况，如果今天再挖不到，由于照明的限制，天黑前就不得不停止工作，那样的话，水坝将随时面临着被冲垮的危险。

林所长："兵蚁夹棍夹得越来越激烈，蚁酸在棍上闻起浓度也很大，证明这下面就是主巢。我们今天有希望抓到它。"

听到这个振奋的消息，大家都兴奋起来，所有的人目不转睛地盯着坑道。盼望着这个神秘的、住有蚁后的主巢出现。

然而，主巢挖出来后，就可以高枕无忧了吗？林所长说这只是完成了一半工作，更重要的是后面的防治措施要做好。否则，白蚁还会卷土重来。

挖掘还在紧张地进行着，技术人员显得分外细致和紧张，因为他们根据树条上的兵蚁和蚁酸的情况判断，离主巢不远了……

正在此时，在一个巨大的蚁巢里面，技术人员拿出了一块结实的土块，专家兴奋地说这就是白蚁主巢的核心建筑——王台。

工作人员手一抖，一只白胖胖的虫子从王宫的最深处滑落了下来。

终于，在快要天黑的时候，久违了的蚁王、蚁后出现在大家面前，这场长达8个小时的战争结束了，团结水库的蚁后结束了它的历史使命。西彭镇的一切又恢复了它昔日的平静。

（章京）

蚂蚁果冻

荒山野岭的蚂蚁，他当成贵客请回家！用来招待蚂蚁的是他调制的特别果冻。他究竟要做些什么？又能从中得到什么？

1. 想知道蚂蚁每天的生活

王志刚已经40多岁了，他又一次兴致勃勃地来到一片荒草地上，穿梭于羊群中间，到处寻找蚂蚁窝。这让人不由得有些疑惑，蚂蚁是只有几毫米大的昆虫，王志刚拿这么小的蚂蚁做什么呢？

王志刚："突然有一天，坐在那儿看，蚂蚁在那儿爬来爬去的。这时候，我就想，蚂蚁在树桩下面是怎么生活的，当时就想怎么样才能把它们的地下生活反映出来，能够看得到。"

把草地、树皮、地面下的蚂蚁生活搬到地上来，这是一个非常奇特的想法。看着忙碌的蚂蚁爬来爬去，有的正叼着泥土，忙着修筑巢穴，有的正在和其他伙伴一起，制伏比它们体重大几十倍的猎物。有的时候，一群蚂蚁浩浩荡荡前进，有如一条水流般流畅，非常壮观。

王志刚想知道这些蚂蚁每天都在忙些什么，它们为什么能够各司其职，忙而不乱。发现了食物、遇到危险，它们又是怎么传递信息、召集伙伴的。大量的家庭成员，是如何搭窝筑巢、共同生活的？这也许该是每一个人都感兴趣的话题。

冉浩（蚁网站长）：“如果你想要深入研究蚂蚁的话，你就会发现蚂蚁的世界非常神奇。”

现在世界上蚂蚁种类有近万种，国内已确定的蚂蚁种类也有600多种，蚂蚁世界俨然已成为一个鼎盛的王国。虽然它们的个头不及人体的百万分之一大，可是它们却靠着团队的力量在地球上生存了上亿年。

冉浩：“我们人类交流信息的方式是用眼睛看，用耳朵来听，而蚂蚁虽然很少用耳朵去听，而且它的视力大多都不太发达，依靠气味、化学信号就能形成一个非常庞大的组织。”

蚂蚁在爬行时，腹部在地面上留下的化学物质，让同伴之间保持了联络上的畅通。每当群与群之间发生战争，或想杀死比它们大的猎物时，每一只蚂蚁都知道自己该在什么时候出现，该咬住猎物的哪一个部位。这些事情的确很神奇，可是生长在野外的蚂蚁，有它们自己的家族、独特的觅食方式，想把蚂蚁的神秘反映出来给人们看，这又谈何容易？

蚂蚁世界

2. 满世界寻找果冻

当亲戚们听说王志刚的离奇想法，都觉得根本不可能实现，常见的蚂蚁才几毫米大小，人的手抓上去，一不小心都能把蚂蚁碾死，更让亲戚们不能理解的是王志刚开始满世界地找起果冻来。

王志刚："开始对蚂蚁完全没有概念，就从商店买一些果冻回来，先试试。"

人们更疑惑了，王志刚捧着果冻，时不时孩子一样地吃起来，细细地品尝着，王志刚到底要拿蚂蚁做些什么呢？蚂蚁和果冻之间有什么样关系呢？

王志刚："把蚂蚁放到果冻上试试，看看蚂蚁喜欢不喜欢。"

王志刚只想给蚂蚁找吃的吗？

他从收集来的所有果冻中，品尝出自己感觉最好的，然后小心翼翼地把蚂蚁搁上去，心想蚂蚁也一定会喜欢。

一天，王志刚无意中在网络上看到一篇文章，说美国航天局为了研究蚂蚁在微重力条件下的方向感，设计了一种透明的胶状物质，这种胶状物质既能够保证蚂蚁在里面生活，同时，又能给人很直观地看到蚂蚁在整个胶质物质中的一种生活状态。王志刚觉得很受启发，想跟美国航天局订购一些这样的东西。但是一问价格比较昂贵，再说从那边寄过来也很不方便。王志刚最终决定，要搞出自己的蚂蚁果冻来。

正是出于这份好奇，王志刚开始按照网上的照片，和朋友们一起琢磨起来，什么样的胶既能让蚂蚁打洞挖隧道，又可以给蚂蚁提供营养？王志刚想到果冻类似胶体，就找来了果冻，看这些蚂蚁是否喜欢吃，又能打洞。

王志刚："蚂蚁一开始像是在吃，实际上它是在喝上边的糖水，它吃两口，就不再吃了，被糖水给粘住了，跑不动了。"

买来了果冻，放上去的蚂蚁还没有吃几口，触角就好像被什么东西粘住了，蹒跚几步，再也动不了，在王志刚的不成功的实验中悲惨地死去。

冉浩："果冻是胶体，胶体本身黏性是比较大的，蚂蚁腿比较细，就把它粘在上面了。咱们平时看蚂蚁吃糖的时候也是一样，你抓一块糖放在地上，然后让蚂蚁去吃，蚂蚁就粘在上面了，下不来了。"

蚂蚁被粘在了果冻上，艰难爬行，似乎并不知道人类要拿它们做些什么，糊里糊涂、有点冤枉地就死了。可糊涂的不只是蚂蚁，还有王志刚周围的亲戚朋友们。

王志刚的朋友："他走出这一步，我特别惊讶，而且非常不理解。这个东西也能搞出名堂来？我一直持怀疑态度。"

可不管朋友们怎么说，王志刚就是认准了这事能成。他认为只要给蚂蚁吃不含糖的果冻，蚂蚁就不会被粘在上面，这个问题似乎很容易解决。

从山上抓回来的蚂蚁，一批批地都死在了王志刚失败的实验上，原本王志刚认为蚂蚁到处都是，可是当他想大量抓一些时，蚂蚁却用自己的方式提出了抗议。

王志刚："用手这么一个一个抓起来，放进去，放到塑料袋里，但是后来发现，经过这么一抓，差不多百分之百的蚂蚁都弄伤了。"

蚂蚁的身体结构一般都由头、胸、腹三部分组成，腹部与胸部靠一段结节连接。人手抓上去，蚂蚁很容易骨折，小伤靠体内的免疫可以自愈，大伤就只能等死。

怎么办？王志刚灵机一动，做了一个专业工具，用一根管子对准蚂蚁堆，这下蚂蚁堆中的工蚁、兵蚁绝对不允许外来敌人的侵犯，爬到管子上猛烈撕咬，蚂蚁们被激怒，也就被骗到了王志刚的口袋里。

可回到家才发现，好像是被骗蚂蚁都以死抗拒了！

王志刚："一想肯定是蚂蚁

蚂蚁

跟沙土在一起啊，然后从山上上去再下来，就这么一颠一颠，就把蚂蚁全戳死了。”

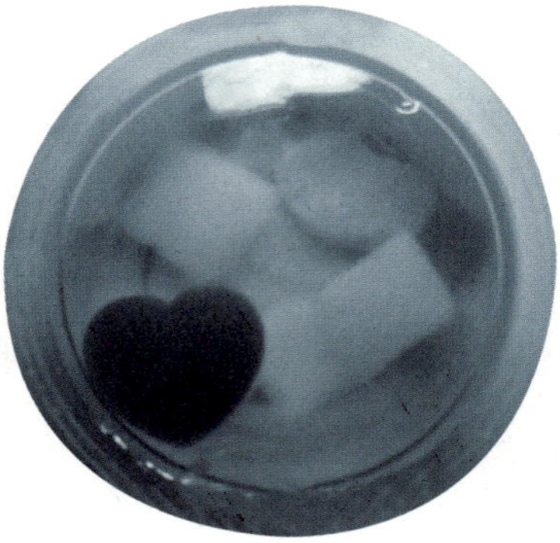
果冻

看来，要把蚂蚁请回家，还得让这些蚂蚁好像在自己的地盘上一样，自己做主，蚂蚁才能心甘情愿。王志刚根据这个想法，创意出了自己的办法。

王志刚：“后来就不用沙了，改用草，就是蚂蚁窝边上的草，蚂蚁喜欢待在草上，用草就解决这个问题了。”

好不容易请回来了几十只蚂蚁，蚂蚁到底喜欢什么样的果冻呢？

王志刚找了很多种果冻，自己事先还都先替蚂蚁们尝了个遍。可放上去的蚂蚁们，却丝毫不领情。

王志刚：“蚂蚁天天在上面打转，根本就不挖，也不会往底下走，就只在上面转，我的判断就是蚂蚁不喜欢果冻。”

看来，想把蚂蚁的隐蔽生活直观地反映出来，并不是一件容易的事。生活里，不可能存在准备好的发明，等人们去发现、组合一下就完事了。

现成的果冻是不行了，只能自己试着去独创了。

王志刚：“首先蚂蚁吃它，可以在里面生活，通过它来维持蚂蚁的生命，这是第一个目标。”

先要让蚂蚁活下去，这是首要的。王志刚意识到自己整天闷在家里折腾根本不可能，凭借自己对蚂蚁的简单了解，还远远不够。

3. 终于发明了蚂蚁吃的果冻

冉浩：“成年以后，蚂蚁身体基本上就不再发育了。对幼虫来说，需要更多的蛋白质，对成虫则多给它加糖，保证能量的供应就可以了。”

得到专家的帮助之后，王志刚似乎有了信心，不断地选料，试验。

失败！再试验。

王志刚："想想蚂蚁可能喜欢吃糖，就给它加糖；可能喜欢吃蜂蜜，就加点蜂蜜。反正能想到的蚂蚁所需要的各种维生素，都配在一起，组合成几个配方，看蚂蚁到底喜欢哪个。"

果冻

一个月过去了，经过不断地实验和对比，王志刚最终确定了一种果冻调配的方案。

王志刚："蚂蚁终于开始挖了，它们喜欢这个东西。"

蚂蚁吃完东西后，都会梳理自己的触角，以避免两个传递信息的天线受阻。看着可爱的小家伙饱餐之后的样子，王志刚高兴极了。心想不久的将来，蚂蚁的神秘生活就可以通过果冻完全地展示给人们看，这该是一幅什么样的场景呢？说不准，这就是一个发明。

王志刚："过了两天以后，蚂蚁就不再吃了，不再吃了是什么状态呢？基本上是不动，不太活跃，总是趴在上面，像睡觉那样。"

这让人费解，蚂蚁犹如醉汉，昏沉不醒。王志刚却睡意全无，好不容易看到点希望，又成了泡影。

更糟糕的情况接踵而来。

王志刚：果冻放置一段时间以后，发霉，长毛，变质，一点一点变黑了。

看着身旁那些因为自己的发明而牺牲的蚂蚁和长毛的果冻，王志刚感到自己的发明，可能就要这样终结了。虽然蚂蚁经历了上亿年间的灾难，但王志刚不知道在他的果冻里，害死蚂蚁的罪魁祸首是什么东西。

经过咨询，原来只要在源头上控制好细菌，就可以抑制果冻长毛，长毛的问题就这样解决了。这次再把选择好的蚂蚁放上去，接下来的情景让王志刚非常兴奋。

蚂蚁开始吃起它的果冻，勤奋地挖掘，甚至打闹起来。蚂蚁所做的这一切，从透明的容器外面能够看得一清二楚。

经过近一年的研究，王志刚终于实现了自己的梦想，人们通过他的特别果冻，可以看到蚂蚁是如何繁忙地工作、交流、抚育后代。

而他的杰作——蚂蚁工坊也申请了发明专利，让城市里的小孩子在家里，就可以观赏蚂蚁这种小昆虫的地下生活。

在地球上生存了亿万年的野外蚂蚁，也可以成为人类的宠物、朋友。

（于海波）